Le petit mercure

Collection créée par Colline Faure-Poirée
Suivi éditorial par Jean-Michel Décimo

Le goût de Cannes

Textes choisis et présentés par
Jacques Barozzi

CANNES
CÔTE D'AZUR

Mercure de France

ISBN 2-7152-2614-4

SOMMAIRE

CANNES TOUTE L'ANNÉE

INTRODUCTION

« Le Masque de fer était sans doute un frère, et un frère aîné de Louis XIV. »

VOLTAIRE

« Vis-à-vis du petit chemin au bord de la route de Cannes sur un étroit plateau autour duquel la terre a croulé, il y a deux mûriers. C'est entre ces deux mûriers que l'empereur se plaça pour passer en revue le bataillon qui sera dans l'histoire aussi grand que la grande armée, puis il se dirigea vers l'ouest, passa près de cette vieille batterie basse que je viens de traverser et une heure après son débarquement, il entrait à Cannes. Ceci se passait le 24 février 1815. Toute cette scène semble encore vivre là. »

Victor HUGO

« Cannes est un paradis bien sûr, comment voulez-vous qu'il en soit autrement avec les pépinières des saints consacrés par le monastère des îles. »

Jean COCTEAU

Le voyageur qui arrive pour la première fois à Cannes ne s'y sent pas vraiment dépaysé. Il éprouve plutôt le sentiment étrange d'y être déjà venu. Grâce aux images surgies du plus profond des écrans de sa mémoire, il parvient même à resituer les bâtiments et les lieux, au point de pouvoir les nommer : Suquet, Vieux-Port, Croisette, Palais des Festivals, Majestic, Carlton, Martinez, Palm-Beach, Californie… Car Cannes est une ville de fiction. A-t-il été jadis, ici, simple figurant ou tenait-il le premier rôle ? Bientôt défilent devant ses yeux les personnages d'une multitude d'histoires où l'imaginaire se mêle à la réalité.

Cannes est une ville de légendes, un décor idéal de contes de fées. À l'origine, une Belle endormie, sans cesse éveillée depuis par des princes qui lui construisent toujours d'époustouflants palais. Comme si chacune de ses pages commençait par : *il était une fois…* Cannes des écrivains, Cannes du cinéma et de tous les autres arts. Un pays où les bergères devenues starlettes épousent toujours des rois du gotha !

Cannes, carrefour du monde, enraciné en terre française, est avant tout une cité méditerranéenne : la tragédie antique y est inextricablement liée à la comédie humaine. Ici, Dionysos se métamorphose parfois en impitoyable Médée. La passion portée jusqu'à l'extrême. N'y consacre-t-on pas tout aussi bien *Fellini-Roma* qu'*Apocalypse now* ?

Cannes ville ouverte, Cannes ville hôte. Qui, d'immémoriale origine, doit sa renommée aux célébrités venues d'ailleurs. Un saint, un prisonnier masqué, un empereur des Français, un lord chancelier d'Angleterre… Depuis lors, Cannes est devenue la plus internationale des villes françaises.

Le roman de Cannes présenté ici, œuvre collective des écrivains les plus inspirés de leur temps, nous tient sans cesse en haleine. Il privilégie la littérature au détriment parfois de la stricte vérité historique. Ainsi, le Masque de fer de l'île Sainte-Marguerite, dont Voltaire, le premier, alimenta la légende, n'était probablement qu'un masque de velours. Et de toute évidence, il n'était pas porté par le frère aîné du Roi-Soleil. Ce n'est pas non plus le 24 février 1815 que Napoléon débarqua aux doux rivages de Cannes, mais le 1er mars de la même année. N'importe ! Pour plus d'exactitude, le lecteur est prié de se reporter aux commentaires.

Le « style cannois » se retrouve dans son architecture, ses modes vestimentaires et ses mœurs. C'est ainsi que Cannes est dotée d'un patrimoine tout à la fois singulier et composite. Les immeubles futuristes ont rejoint, quand ils n'ont pas tout simplement remplacé, les châteaux d'inspiration Tudor et autres palais baroques ou Renaissance de jadis. Ici, de même, les bikinis remplacèrent les antiques voilettes, transformant les douairières talquées d'antan en *jet-setteuses* éternellement bronzées.

Cannes, site unique, site magique, pour lequel les auteurs invoquent souvent les mots d'Éden et de Paradis. Ville de la jeunesse enfuie, où les journées étaient toujours ensoleillées et les nuits toujours tendres ! Cannes, lieu de tous les excès, comme pour conjurer la folie et la mort.

À Cannes, on ne semble pas cultiver la nostalgie. À chaque génération, son Temps perdu et… retrouvé.

Ville tout à la fois pragmatique et sacrée, où cohabitent les tapis verts du Veau-d'Or, mais aussi les temples des dieux païens et les lieux des divers cultes monothéistes. Car Cannes a une âme, soigneusement dissimulée de l'autre côté du miroir. Pour la découvrir, il suffit de ne pas se laisser éblouir par les diamants exposés en vitrine sur la Croisette. Il faut juste s'armer d'une bonne paire de lunettes de soleil. Des lunettes d'un genre particulier, de celles qui permettent de voir, à travers le prisme des couleurs, les images en trois dimensions du film de la ville. Depuis ses origines attestées jusqu'à notre présente actualité.

Et comme à Cannes tout finit par du cinéma, essayons d'imaginer le synopsis idéal que ces pages pourraient nous inspirer.

Tout commencerait alors autour des moines de l'abbaye de Saint-Honorat, en costumes du haut Moyen Âge. Des Bénédictins, théologiens et cultivateurs, et même un peu lubriques d'après les chroniques locales, inventeurs d'un philtre joyeux baptisé *lérina*.

Plus tard, sous le règne du Monarque Absolu, le scénario dériverait franchement vers le film de cape et d'épée. Aux abords du fort de l'île Sainte-Marguerite, on retrouverait le fils naturel de Douglas Fairbanks et de Jean Marais (à Cannes, on n'a pas de ces préjugés-là !) croisant le fer contre un essaim de menaçants soldats.

Au début du XIXe siècle, la séquence deviendrait épique. L'aigle déchu y interpréterait son chant du cygne en ouvrant la toute nouvelle route Napoléon.

Puis commencerait la période anglaise, renforcée par l'arrivée en masse des aristocrates russes et de l'Europe tout entière. Faisant de Cannes le dernier salon à la mode. Hivernal, *of course*! Casting international oblige, le film prendrait alors un tour plus viscontien.

C'est alors que quelques démocrates, mais fortunés, américains, précédant des camarades français du Front populaire, décideraient d'allumer définitivement les sun-lights de l'été.

Après l'intervalle du dernier remake de *Guerre et Paix*, on assisterait à la naissance du premier de toute une série de divers festivals et congrès.

Enfin, Cannes, avant-gardiste et moderne, ouvrirait le bal du troisième millénaire en déclinant les mots tech-nopôle et nouvelles communications...

Moteur!

Jacques Barozzi

CANNES HIVERNAL

Camping sauvage à Cannes

En 1815, Cannes, paisible bourgade de pêcheurs, resserrée tout entière sur la colline du Suquet, reçut la visite d'un hôte inattendu. Napoléon, chassé du pouvoir l'année précédente par la coalition européenne et relégué sur l'île d'Elbe, débarqua soudainement à Golfe-Juan, à 4 kilomètres à l'est de Cannes, puis établit son campement à l'emplacement de l'actuelle rue Bivouac-Napoléon, alors hors les murs. Le 28 juillet 1838, l'auteur du Génie du Christianisme, âgé de soixante-dix ans, n'hésita pas à se rendre en « pèlerinage » à Cannes, à la recherche des ultimes traces de l'empereur.

Le 1er mars, à trois heures du matin, il aborde la côte de France entre Cannes et Antibes, dans le golfe Juan : il descend, parcourt la rive, cueille des violettes et bivouaque dans une plantation d'oliviers. La population stupéfaite se retire. Il manque Antibes et se jette dans les montagnes de Grasse, traverse Seranon, Barrême, Digne et Gap. [...]

Napoléon n'avait trouvé de fidèles que les fantômes de sa gloire passée ; ils l'escortèrent, ainsi que je l'ai dit, du lieu de son débarquement jusqu'à la capitale de la France. Mais les aigles, qui avaient *volé de clocher en clocher* de Cannes à Paris, s'abattirent fatiguées sur les cheminées des Tuileries, sans pouvoir aller plus loin. [...]

En Europe je suis allé visiter les lieux où Bonaparte

aborda après avoir rompu son ban à l'île d'Elbe. Je descendis à l'auberge de Cannes au moment même que le canon tirait en commémoration du 29 juillet ; un de ces résultats de l'incursion de l'empereur, non sans doute prévu par lui. La nuit était close quand j'arrivai au golfe Juan ; je mis pied à terre à une maison isolée au bord de la grande route. Jacquelin, potier et aubergiste, propriétaire de cette maison, me mena à la mer. Nous prîmes des chemins creux entre des oliviers sous lesquels Bonaparte avait bivouaqué : Jacquelin lui-même l'avait reçu et me conduisait. À gauche du sentier de traverse s'élevait une espèce de hangar : Napoléon, qui envahissait seul la France, avait déposé dans ce hangar les effets de son débarquement.

Parvenu à la grève, je vis une mer calme que ne ridait pas le plus petit souffle ; la lame, mince comme une gaze, se déroulait sur le sablon sans bruit et sans écume. Un ciel émerveillable, tout resplendissant de constellations, couronnait ma tête. Le croissant de la lune s'abaissa bientôt et se cacha derrière une montagne. Il n'y avait dans le golfe qu'une seule barque à l'ancre, et deux bateaux : à gauche on apercevait le phare d'Antibes, à droite les îles de Lérins ; devant moi, la haute mer s'ouvrait au midi vers cette Rome où Bonaparte m'avait envoyé.

Les îles de Lérins, aujourd'hui îles Sainte-Marguerite, reçurent autrefois quelques chrétiens fuyant devant les Barbares. Saint-Honorat venant de Hongrie aborda l'un de ces écueils : il monta sur un palmier, fit le signe de la croix, tous les serpents expirèrent, c'est-à-dire le paganisme disparut, et la nouvelle civilisation naquit dans l'Occident.

Quatorze cents ans après, Bonaparte vint terminer cette civilisation dans les lieux où le saint l'avait commencée. Le dernier solitaire de ces laures fut le Masque de fer, si le Masque de fer est une réalité. Du silence du golfe Juan, de la paix des îles aux anachorètes, sortit le bruit de Waterloo, qui traversa l'Atlantique, et vint expirer à Sainte-Hélène.

Entre les souvenirs de deux sociétés, entre un monde éteint et un monde prêt à s'éteindre, la nuit, au bord abandonné de ces marines, on peut supposer ce que je sentis. Je quittai la plage dans une espèce de consternation religieuse, laissant le flot passer et repasser, sans l'effacer, sur la trace de l'avant-dernier pas de Napoléon.

Mémoires d'outre-tombe

Diable ! Si l'on a bien lu Chateaubriand, c'est à Cannes et à l'île Saint-Honorat, qui constitue avec l'île Sainte-Marguerite l'une des deux îles de Lérins, que serait né le monde occidental chrétien et qu'il serait mort. On ne s'étonnera guère de voir le chantre du romantisme transformer les moindres faits historiques en légendes. Certes, saint Honorat a bien établi, dès le début du Ve siècle, un centre spirituel important dans l'île qui perpétue aujourd'hui encore sa mémoire, mais les serpents sont toujours là, ainsi qu'on pourra le lire plus loin... Et n'est-ce pas plutôt la Révolution qui a porté un coup fatal à l'Ordre Ancien ? Quand le peuple de France décida de couper la tête aux aristocrates et à leur roi, vidant du même coup les couvents, monastères et églises de tout membre du clergé, martelant au passage le visage de tous leurs saints.

ALEXANDRE DUMAS

D'Artagnan et le Masque de fer

Troisième et dernier volet de la série romanesque consacrée par Dumas aux trois Mousquetaires, qui comme chacun le sait étaient quatre, Le Vicomte de Bragelonne *met en scène la disgrâce de Fouchet et fait apparaître un personnage singulier : le Masque de fer. Autant d'occasions pour les quatre amis, vieillissants et qui s'étaient perdus de vue, de reprendre du service. C'est ainsi qu'Athos, devenu comte de Bragelonne, et son fils Raoul vont retrouver fort opportunément d'Artagnan, en mission très spéciale à Cannes.*

Le jour même ils partirent pour Sainte-Marguerite, à bord d'un chasse-marée venu de Toulon sur ordre.

L'impression qu'ils ressentirent en abordant fut un bien-être singulier. L'île était pleine de fleurs et de fruits : elle servait de jardin au gouverneur dans sa partie cultivée. Les orangers, les grenadiers, les figuiers courbaient sous le poids de leurs fruits d'or et d'azur. Tout autour de ce jardin, dans sa partie inculte, les perdrix rouges couraient par bandes dans les ronces et dans les touffes de genévriers, et, à chaque pas que faisaient Raoul et le comte, un lapin effrayé quittait les marjolaines et les bruyères pour rentrer dans son terrier.

En effet, cette bienheureuse île était inhabitée. Plate, n'offrant qu'une anse pour l'arrivée des embarcations, et sous la protection du gouverneur, qui partageait avec

eux, les contrebandiers s'en servaient comme un entre-
pôt provisoire, à la charge de ne point tuer le gibier ni
dévaster le jardin. Moyennant ce compromis, le gouverneur se contentait d'une garnison de huit hommes
pour garder sa forteresse, dans laquelle moisissaient
douze canons. Ce gouverneur était donc un heureux
métayer, récoltant vins, figues, huile et oranges, faisant
confire ses citrons et ses cédrats au soleil de ses case-
mates.

La forteresse, ceinte d'un fossé profond, son seul gar-
dien, levait comme trois têtes sur trois tourelles liées
l'une à l'autre par des terrasses couvertes de mousse.

Athos et Raoul longèrent pendant quelque temps les
clôtures du jardin sans trouver quelqu'un qui les intro-
duisît chez le gouverneur. Ils finirent par entrer dans le
jardin. C'était le moment le plus chaud de la journée.

Alors tout se cache sous l'herbe et sous la pierre. Le
ciel étend ses voiles de feu comme pour étouffer tous les
bruits, pour envelopper toutes les existences. Les perdrix sous les genêts, la mouche sous la feuille, s'endor-
ment comme le flot sous le ciel.

Athos aperçut seulement sur la terrasse entre la
deuxième et la troisième cour un soldat qui portait
comme un panier de provisions sur sa tête. Cet homme
revint presque aussitôt sans son panier et disparut dans
l'ombre de la guérite.

Athos comprit que cet homme portait à dîner à
quelqu'un, et qu'après avoir fait son service, il revenait
dîner lui-même.

Tout à coup, il s'entendit appeler, et, levant la tête,
aperçut dans l'encadrement des barreaux d'une fenêtre
quelque chose de blanc, comme une main qui s'agitait,

quelque chose d'éblouissant comme une arme frappée
des rayons du soleil.

Et avant qu'il se fût rendu compte de ce qu'il venait
de voir, une traînée lumineuse, accompagnée d'un sif-
flement dans l'air, appela son attention du donjon sur
la terre.

Un second bruit mat se fit entendre dans le fossé, et
Raoul courut ramasser un plat d'argent qui venait de
rouler jusque dans les sables desséchés.

La main qui avait lancé ce plat fit un signe aux deux
gentilshommes, puis elle disparut.

Alors Raoul et Athos, s'approchant l'un de l'autre, se
mirent à considérer attentivement le plat souillé de
poussière, et ils découvrirent sur le fond des caractères
tracés avec la pointe d'un couteau :

« *Je suis,* disait l'inscription, *le frère du roi de France,
prisonnier aujourd'hui, fou demain. Gentilshommes
français et chrétiens, priez Dieu pour l'âme et la raison
du fils de vos maîtres !* »

Le plat tomba des mains d'Athos pendant que Raoul
cherchait à pénétrer le sens mystérieux de ces mots
lugubres.

Au même instant, un cri se fit entendre du haut du
donjon. Raoul, prompt comme l'éclair, courba la tête et
força son père à se courber aussi. Un canon de mousquet venait de reluire à la crête du mur. Une fumée
blanche jaillit comme un panache à l'orifice du mousquet, et une balle vint s'aplatir sur une pierre, à six
pouces des deux gentilshommes. Un autre mousquet
parut encore et s'abaissa.

– Cordieu ! s'écria Athos, assassine-t-on les gens ici ? Descendez, lâches que vous êtes !

– Oui, descendez ! dit Raoul furieux en montrant le poing au château.

L'un des deux assaillants, celui qui allait tirer le coup de mousquet, répondit à ces cris par une exclamation de surprise, et comme son compagnon voulait continuer l'attaque et ressaisissait le mousquet tout armé, celui qui venait de s'écrier releva l'arme, et le coup partit en l'air.

Athos et Raoul, voyant qu'on disparaissait de la plate-forme, pensèrent qu'on allait venir à eux, et ils attendirent de pied ferme.

Cinq minutes ne s'étaient pas écoulées qu'un coup de baguette sur le tambour appela les huit soldats de la garnison, lesquels se montrèrent sur l'autre bord du fossé avec leurs mousquets. À la tête de ces hommes se tenait un officier que le vicomte de Bragelonne reconnut pour celui qui avait tiré le premier coup de mousquet.

Cet homme ordonna aux soldats d'apprêter les armes.

– Nous allons être fusillés ! s'écria Raoul. L'épée à la main du moins, et sautons le fossé ! Nous tuerons bien chacun un de ces coquins quand leurs mousquets seront vides.

Et déjà Raoul, joignant le mouvement au conseil, s'élançait, suivi d'Athos, lorsqu'une voix bien connue retentit derrière eux.

– Athos ! Raoul ! criait cette voix.

– D'Artagnan ! répondirent les deux gentilshommes.

– Armes bas, mordioux ! s'écria le capitaine aux soldats. J'étais bien sûr de ce que je disais, moi !

Les soldats relevèrent leurs mousquets.

– Que nous arrive-t-il donc ? demanda Athos. Quoi ! on nous fusille sans avertir !

– C'est moi qui allais vous fusiller, répliqua d'Artagnan, et si le gouverneur vous a manqués, je ne vous eusse pas manqués, moi, chers amis. Quel bonheur que j'aie pris l'habitude de viser longtemps au lieu de tirer d'instinct en visant ! J'ai cru vous reconnaître. Ah ! mes chers amis, quel bonheur !

– Comment ! fit le comte, ce monsieur qui a tiré sur nous est le gouverneur de la forteresse ?

– En personne.

– Et pourquoi tirait-il sur nous ? Que lui avons-nous fait ?

– Pardieu ! vous avez reçu ce que le prisonnier vous a jeté.

– C'est vrai !

– Ce plat... le prisonnier a écrit quelque chose dessus, n'est-ce pas ?

– Oui.

– Je m'en étais douté. Ah ! mon Dieu !

Et d'Artagnan, avec toutes les marques d'une inquiétude mortelle, s'empara du plat pour en lire l'inscription. Quand il eut lu, la pâleur couvrit son visage.

– Oh ! mon Dieu ! répéta-t-il.

– C'est donc vrai ? dit Athos à demi-voix, c'est donc vrai ?

– Silence ! voici le gouverneur qui vient.

– Et que nous fera-t-il ? est-ce notre faute ?

– Silence ! vous dis-je, silence ! Si l'on croit que vous savez lire, si l'on suppose que vous avez compris, je vous aime bien, chers amis, je me ferais tuer pour vous... mais...

– Mais…, dirent Athos et Raoul.

– Mais je ne vous sauverais pas d'une éternelle prison, si je vous sauvais de la mort. Silence, donc! silence encore!

Le Vicomte de Bragelonne

Si d'Artagnan est un personnage imaginaire, le Masque de fer, lui, fut bien réel. Gardé au secret, sur ordre de Louis XIV, au fort de l'île Sainte-Marguerite, durant plusieurs années, il fut transféré à la Bastille, où il mourut. Que de livres et de films ont été consacrés à ce mystérieux prisonnier dont, aujourd'hui encore, nous ne connaissons pas précisément l'identité! Il n'était probablement pas le frère du Roi-Soleil, ainsi que Voltaire, le premier, l'a affirmé. Et son masque de fer n'était, en fait, qu'un masque de velours, servant à cacher son visage lors de ses transferts. Les hypothèses les plus rocambolesques furent avancées mais, aujourd'hui, les historiens les plus sérieux ne retiennent que deux d'entre elles, sans parvenir à s'accorder définitivement. Selon la première, il s'agirait d'Antoine-Hercule Mattioli, secrétaire du duc de Mantoue, dont le double jeu avait fait échouer les tractations qui auraient dû permettre à Louis XIV de mettre la main sur cette cité italienne. Emprisonné en 1679, il serait mort en 1694. Selon la seconde hypothèse, qui rallie le plus de suffrages, le Masque de fer serait Eustache Danger (ou Dauger), serviteur de Fouquet, dès 1669, puis du duc de Lauzun, durant leur captivité à Pignerol, cité piémontaise aujourd'hui italienne. Détenteur de lourds secrets d'État, Louvois, ministre de la Guerre, aurait intercédé auprès du roi pour qu'il ne recouvre jamais la liberté. Transféré de Pignerol à Sainte-Marguerite en 1681, après que Lauzun a été relâché, il y resta jusqu'en 1698, date de son emprisonnement à la Bastille, où il décédera en 1703. Après la révocation de l'édit de Nantes, en 1685, le fort de Sainte-Marguerite accueillit aussi des pasteurs protestants. Le dernier prisonnier célèbre à y avoir été enfermé fut le maréchal Bazaine, en 1873. Tenu pour responsable de la capitulation de la France, à Metz, trois ans plus tôt, celui-ci parvint à s'en évader l'année suivante pour aller finir ses jours à Madrid.

PROSPER MÉRIMÉE

Patrimoine en péril

Dès 1834, tout juste nommé inspecteur général des monu-
ments historiques par Louis-Philippe, l'écrivain Prosper
Mérimée entreprit une tournée qui le mena jusqu'à Cannes
où il dressa un rapport détaillé sur l'état des îles de Lérins,
sans s'attarder sur la ville, qui jouera pourtant un rôle impor-
tant à la fin de sa vie.

Elles forment un groupe composé de deux îles, toutes
deux de forme allongée, dont le plus grand diamètre
s'étend de l'est à l'ouest ; sur la plus grande, et la plus
voisine du continent, est bâti le fort qui pendant longtemps a servi de prison d'État ; l'autre, infiniment plus
petite, en est séparée par un canal étroit ; elle possède
une source qui ne tarit jamais, tandis que la première
n'a que de l'eau de citerne ; cette circonstance fit sans
doute donner la préférence à la petite île par les Grecs
qui furent ses premiers habitants, et qui donnèrent au
groupe le nom de leur chef Leros, héros ou pirate, pro-
fessions assez analogues autrefois. Au commencement
du Vᵉ siècle, saint Honorat y fonda un monastère, ou
plutôt une espèce de Thébaïde, qui bientôt devint un
couvent nombreux ; l'île changea alors de nom et prit
celui du saint ; les sarrasins la dévastèrent à plusieurs
reprises et obligèrent les religieux à chercher un asile
temporaire sur le continent ; ce n'est que dans les der-

nières années du XVIIIᵉ siècle que la conduite scandaleuse des moines de Lérins amena la suppression de l'abbaye ; depuis cette époque, Saint-Honorat fut à peu près abandonnée. Devenue propriété nationale, l'île avait été vendue à mademoiselle Sainval, de la Comédie Française ; tout récemment un boucher de Cannes en a fait l'acquisition pour la somme de 30 000 francs.

M. Fauriel, que j'avais rencontré à Fréjus, avait bien voulu m'accompagner dans cette excursion ; nous débarquâmes d'abord à la grande île, l'ancienne Lero. Le commandant du fort, vétéran de la grande armée, nous reçut avec la plus grande politesse et nous fit de la meilleure grâce du monde les honneurs de son petit gouvernement. On montre encore la chambre où le Masque de fer fut détenu pendant dix-sept ans ; elle est grande, voûtée, et éclairée par une seule fenêtre. C'est peut-être le seul endroit de l'île qui soit sombre et frais ; à l'époque où nous la visitions nous pouvions apprécier cet avantage ; mais le contraste de cette obscurité avec l'éclatante lumière qui inonde la baie et le magnifique amphithéâtre des montagnes du Var devait aggraver encore la tristesse du pauvre prisonnier. Le mur est d'une solidité extraordinaire, ayant près de douze pieds d'épaisseur ; en outre trois fortes grilles de fer garnissent la fenêtre et rendent impossible toute communication avec l'extérieur. Deux portes couvertes de clous et d'énormes barres de fer ne s'ouvraient que devant le gouverneur du château, et ce n'était que par les appartements de cet officier que l'on pouvait parvenir à la chambre du prisonnier. [...] Le fort est situé à la pointe ouest de l'île ; tout le reste est couvert de myrtes au-dessus desquels s'élèvent des pins qui forment un assez grand bois percé de jolies allées. À la lisière de ce bois, du côté du midi, est un enclos, nommé le Grand-Jardin, c'est la seule propriété particulière qui soit dans l'île ; il passe pour le lieu le plus chaud de toute la Provence, et en effet on y cultive en pleine terre quelques plantes que partout ailleurs on n'élève qu'avec des soins infinis. [...]

En abordant l'île Saint-Honorat, on observe, dès qu'on a mis pied à terre, des amas de décombres et des fragments de briques et de pierres taillées épars sur le sol ; un grand nombre de ces briques sont de fabrique romaine.

Une allée d'arbres conduit de la crique où l'on débarque à un château considérable, sur la rive opposée de l'île, dont la masse se distingue de loin. Ce n'est, à proprement parler, qu'un donjon de forme irrégulière, couronné de mâchicoulis, et entouré, du côté de la terre, d'un fossé et d'une muraille crénelée, séparée du fossé par un chemin de ronde. Quelques bâtiments, entre autres une église gothique en ruines, se groupent dans cette enceinte et s'appuient au donjon. Les murs sont construits de belles pierres de taille, bien appareillées et d'une teinte jaunâtre qui se détache admirablement sur le bleu foncé de la Méditerranée et du ciel de la Provence. [...]

Les colonnes antiques du château, celles du cloître et de l'église, la grande quantité de tuiles romaines et les inscriptions, prouvent que l'île Lérins a possédé autrefois un établissement romain assez considérable. Quant à la légende, qui porte que saint Honorat trouva cette île déserte, on peut supposer qu'elle avait été abandonnée par ses habitants à l'époque où il s'y établit. Exposés aux débarquements des pirates qui devaient s'y rendre pour faire de l'eau à la source, il est probable que dès les premières invasions des barbares, ils durent chercher un asile sur le continent. Ce qu'on dit des serpents qui infestaient l'île à l'arrivée de saint Honorat, paraît encore vérifié par les témoignages des habitants. Un d'eux nous dit qu'il avait vainement essayé de former une garenne, et que les lapins qu'il avait lâchés avaient été promptement détruits par les reptiles.

Notes d'un voyage dans le midi de la France

De 1834 à 1853, Mérimée sillonnera les routes de France, la Corse y compris, en voiture à cheval ou à dos de mulet : six mois de tournée chaque année avant les grands froids de l'hiver. Il faut dire qu'il y avait urgence ! Après la grande redistribution des terres et des biens à la Révolution, le patrimoine national menaçait de disparaître et de nombreux dégâts avaient déjà été commis. Avec ses assistants, dont le célèbre architecte Viollet-le-Duc, et le réseau d'experts locaux qu'il initia, Mérimée fit établir un inventaire précis, avec croquis et dessins à l'appui, des monuments de toutes les époques et de toutes les régions. Il passa le reste du temps à rédiger des rapports et à demander des subventions. C'est ainsi qu'il sauva de la ruine de grands monuments, telle l'église de Vézelay. Et tant d'autres, que l'on peut retrouver dans ses volumineux récits de voyages d'inspection à travers tout l'Hexagone.

STENDHAL

Une charmante retraite

Quelques semaines avant Chateaubriand, l'auteur de La
Chartreuse de Parme, *grand admirateur de Napoléon, avait
fait, lui aussi, le voyage de Cannes, attiré, pour sa part, par la
récente notoriété de la ville.*

Cannes, 21 mai 1838. – Situation à souhait. Là, me
disais-je, quand on a horreur des tracasseries du passe-
port, on peut passer en paix le soir de la vie. Je regar-
dais avec envie, du haut de mon tilbury, de charmantes
maisonnettes blanches, situées au milieu des grands oliviers et des bouquets de chênes qui couronnent la montagne au levant de Cannes. Mais j'avais compté
Sans l'autour aux serres cruelles[1]

Ce venin caché qui semble prendre à tâche d'empoi-
sonner les plus charmants endroits de la Méditerranée
attaque cette charmante montagne. Un M. Dumas (il est
de Dieppe) a été obligé de faire couper les ormeaux
antiques qui ombrageaient son château. On a prétendu
que cela donnerait plus d'air et empêcherait la fièvre. De
malheureuses eaux stagnantes, situées loin de là et surtout infiniment plus bas, derrière la pointe de terre qui

1. Ultime vers de la fable *Le Lièvre et la Perdrix* de Jean de La Fontaine.

s'avance vers l'île Sainte-Marguerite, du côté de ce golfe de Juan devenu si célèbre, empoisonnent toute cette montagne. Jadis la moitié de Cannes avait la fièvre au mois d'août. Enfin on a eu l'idée de nettoyer une petite rivière qui coule à l'orient de Cannes et la fièvre a disparu. Toutefois les eaux ménagères et les trois égouts de Cannes empoisonnent la jolie promenade sur le bord de la mer.

Lord Brougham a fait élever son joli petit château au couchant du promontoire couronné par l'église de Cannes, Notre-Dame-d'Espérance, au-delà du torrent du Riou qui a l'honneur d'être traversé par un pont romain sur lequel je viens d'avoir l'honneur de passer. Il est bâti en petites pierres plates (petit appareil) et en vérité il est si *bourgeois*, si dénué de tout ce qui parle à l'imagination, si différent de celui de Vaison que j'ai peine à le croire romain.

Voyage dans le midi de la France

Stendhal avait fait la connaissance à Milan en 1816 de lord Henry Brougham (1778-1868). Né à Édimbourg et mort à Cannes, où il est enterré, cet homme politique anglais de premier plan, qui fut chancelier et pair d'Angleterre, est à l'origine de la renommée de la ville. En 1834, tandis qu'il se rendait en villégiature à Gênes avec sa fille Élisabeth, il fut bloqué à la frontière italienne, située alors juste avant Nice sur la rive gauche du fleuve Var, par une épidémie de choléra. Plutôt que d'affronter la quarantaine, il préféra rebrousser chemin. Ce faisant, il découvrit les doux rivages de Cannes, qui totalisait à l'époque moins de 4 000 habitants. Entre le lord et la ville, le coup de foudre fut déterminant, infléchissant définitivement leur double destin. L'aristocrate se fit bâtir une élégante demeure, entre parc et bois, avec vues sur la mer et les montagnes environnantes, qu'il baptisa Villa Éléonore, en hommage à sa fille. On y accède toujours par l'actuelle avenue du Docteur-Georges-Picaud, en direction du quartier de La Bocca. Lord Brougham y séjourna jusqu'à sa mort, trente-quatre ans plus tard, dans sa quatre-vingt-dixième année. Dès son installation à Cannes, il attira dans son voisinage les plus éminents de ses compatriotes, qui élevèrent là de somptueuses propriétés. Ce premier développement de la ville, à l'ouest du Riou, jugé alors plus sain que les abords marécageux de la future Croisette, fut appelé le quartier des Anglais. Dès lors, la prospérité de la ville n'allait plus cesser : à la mort de lord Brougham, la population de Cannes atteignait déjà plus de 10 000 habitants. À noter que le pont, véritablement romain, qu'honora Stendhal, est toujours à sa place.

PROSPER MÉRIMÉE

Retour au Paradis

Entre 1856 et 1870, l'auteur de Colomba *et de* Carmen, *ami intime de la mère de l'impératrice Eugénie, fera des séjours de plus en plus prolongés à Cannes où lui aussi mourra et sera enterré. Sa correspondance est une véritable chronique de Cannes sous le second Empire.*

A VIOLLET-LE-DUC, CANNES, 17 DÉCEMBRE 1856.

Je viens de passer quelques jours à Nice et je suis frappé du contraste entre cette ville et le pays où je suis. Pour la situation, Cannes est fort au-dessus de Nice. Les environs sont délicieux, tandis qu'on ne peut guère se promener que sur une grande route à Nice. Mais il y a de bonnes auberges, bien tenues, on a tous les conforts de la vie, tandis qu'à Cannes on ne peut pas même en trouver une à acheter, fait que je viens de constater aujourd'hui même. En revanche, il y fait un temps incroyable. Je vous écris la fenêtre ouverte et je suis embêté par les mouches. Tout est vert et les cassies sont en fleur. Je ne sens presque plus de mon épaule et si j'avais de quoi cacher mes formes je prendrais des bains de mer.

Les Anglais se sont établis ici comme en pays conquis. Ils ont bâti cinquante villas ou châteaux plus extraordinaires les uns que les autres, ordinairement en brique, parce que la pierre est magnifique ici et qu'on a tout depuis le porphyre jusqu'au calcaire.

A MADAME DE MONTIJO, CANNES,
27 DÉCEMBRE 1856

Chère Comtesse,

Je viens de passer une quinzaine de jours à Nice, et me voici maintenant établi ici pour quelques jours, pénétré de compassion pour les gens qui passent à Paris le temps des neiges et des pluies, au lieu d'aller vivre au soleil comme je fais. Cannes, où débarqua en 1815 l'oncle de S.M., est un endroit privilégié et unique en France. Il y a fait mauvais temps le jour de Noël par extraordinaire, mais le lendemain le soleil est revenu magnifique, et c'était un plaisir de sentir la chaleur et de voir les montagnes de tous les environs blanches de neige. Les gens de ce pays-ci vivent de leurs fleurs. On cultive ici les jasmins par hectares, les roses et la cassie, que vous appelez, je crois, *carambuco* en Andalousie. Les jasmins sont déjà en fleur et ont une odeur aussi pénétrante que les vôtres. Vous voyez bien que Cannes est un petit paradis. Ajoutez à cela que grâce à de hautes montagnes très pittoresques il n'y fait jamais de vent que de l'est, c'est-à-dire du vent tiède. Je n'étais pas trop content de ma santé. [...] Voilà ce qui m'a déterminé à prendre un régime nouveau. Je me lève de bonne heure, je me couche à neuf heures, et je vis comme un lézard, me chauffant sans cesse au soleil. Je me suis assez amusé à Nice, mais il y avait trop de monde, trop d'Anglais et trop de Russes. [...] J'ai fait connaissance ici avec une respectable antiquité ; c'est la marquise de Cunningham, ex-maîtresse de George IV. Elle habite un château baroque à Cannes avec son fils lord Londesborough ; elle a quatre-vingt-quatre ans et on ne lui en donnerait que soixante. Elle a l'air fort grande dame et j'aimerais beaucoup à la voir causer. Sa belle-fille est ce qu'on peut voir de plus ravissant en fait d'Anglaise. Elle a l'air d'être en porcelaine tant son teint est beau, transparent, diaphane, mais je craindrais de la casser en la touchant. [...]

Adieu ! Chère Comtesse, je vous quitte pour aller grimper sur une montagne et contempler de mon Éden les misères du voisinage.

AU CHANCELIER PASQUIER, CANNES,
14 FÉVRIER 1859.

Nous avons eu ici une cérémonie magnifique ; deux évêques sont venus bénir l'île de Saint-Honorat, achetée récemment par un mulâtre, homme de paille, dit-on, de l'évêque de Fréjus. On va y installer un séminaire ou un couvent. Je m'en réjouis, pourvu qu'on prenne soin de mes monuments. La destinée de cette petite île est singulière. Elle a appartenu à Mlle Sainval, de la Comédie Française, puis à un boucher de Cannes, enfin à un ministre protestant qui vient de mourir à Cannes. Il y a ici deux chapelles anglicanes, une presbytérienne à l'usage des Écossais, une quatrième pour les protestants français ; enfin un petit temple vaudois. Tout ce protestantisme a effrayé l'évêque de Fréjus, qui, pensant que s'il se portait acquéreur de l'île Saint-Honorat, les Anglais lui feraient aussitôt concurrence, a chargé de l'affaire un mulâtre qui a annoncé l'intention d'en faire une pépinière, et qui a eu l'île pour 55 000 francs. Les flâneurs de Cannes conservent cependant le droit d'aller y pêcher des langoustes et de faire de la bouillabaisse sur le rivage. Voilà la grande nouvelle du pays. Je m'empresse de vous en faire part.

Correspondance générale

Après l'hiver 1856-1857, où il résida à l'hôtel de la Poste, Prosper Mérimée loua, en décembre 1858, un appartement de six pièces au premier étage de la maison Sicard, 5, rue Bivouac-Napoléon (actuel square Mérimée), à l'endroit même où « dans la nuit du 1er au 2 mars 1815 sur les dunes près de l'ancienne chapelle Notre-Dame-de-Bon-Voyage » Napoléon et ses troupes établirent leur campement. Il y habita jusqu'à sa mort, en 1870. Devenu sénateur de l'Empire et académicien, l'écrivain, malade des poumons, y fit des séjours de plus en plus prolongés : de trois mois d'hiver, au début, jusqu'à sept mois, les dernières années. Là, il aura pour voisins ses amis Alexis de Tocqueville et l'académicien Victor Cousin, morts eux aussi à Cannes respectivement en 1859 et 1867. Il n'hésitait pas à se rendre à pied à Golfe-Juan, pour visiter sa consœur Juliette Adam. Il passait ses journées à se promener, à peindre des paysages, à herboriser et s'adonnait aussi aux joies du tir à l'arc contre des pommes de pin. Tout en répondant à ses obligations littéraires et mondaines. Il faisait l'objet des soins attentifs de la part de deux sœurs anglaises, ses *governess*, dont l'une, Fanny Lagden, fut probablement plus qu'une simple amie : elle sera son héritière et le rejoindra, quelques années plus tard, dans sa tombe cannoise, ainsi que sa sœur. Vantant inlassablement les mérites de Cannes et y appelant ses nombreuses relations, Mérimée jouera auprès de la bonne société française le rôle tenu par Lord Brougham auprès de la *gentry*. Il prétendait même être le premier « découvreur » de Cannes, juste avant l'aristocrate anglais.

JULIETTE ADAM

Scandale sur la Croisette

Juliette Adam, la « muse » de la IIIe République, passait régulièrement l'hiver dans sa propriété des Bruyères, à Golfe-Juan. En 1869, elle vint donner une conférence au Cercle nautique de Cannes, élégant bâtiment qui s'élevait là où plus tard sera édifié le premier Palais des Festivals (détruit en 1988), au cœur de la Croisette, et qui a lui-même cédé la place à l'hôtel Noga Hilton, devenu depuis le début de l'année 2006 le Palais Stéphanie. Là, elle invoqua les dieux païens, au grand dam de plusieurs auditrices chrétiennes.

Je passe quelques jours dans une agitation compréhensible. Adam a trois duels. [...]

Adam n'est jamais plus calme que quand il a « une affaire ». Comme il en a trois, cela devient de la sérénité gaie. Ces trois duels sont : le duel Dollfus, le duel Duboys d'Angers, celui avec sir Tollemache Sinclair.

C'est moi, moi seule qui suis cause de ces duels. Nous causions philosophie, au Cercle nautique, et pénétration des cultes anciens dans les religions qui les remplacent. Mmes Dollfus, Sinclair et moi. Je dis à un moment que j'ai gardé le culte ancestral, que je suis païenne, que je crois aux dieux de la mythologie grecque, et que je les prie, surtout dans ce pays de lumière où la divination de la nature est presque visible.

Ces dames se lèvent sans me saluer, vont à toutes

leurs amies répéter mes phrases, agrémentées d'injures pour la religion chrétienne. On déclare qu'il faut me mettre en quarantaine, que, quand je viendrai au cercle, toutes les « chrétiennes feront le vide autour de moi ». Le vieux M. Duboys d'Angers se met cahin-caha à la tête de la croisade.

Adam envoie ses témoins à MM. Duboys d'Angers, Dollfus, à sir Tollemache Sinclair. Ce sont : le prince Galitzine et M. de Celigny. M. Duboys d'Angers fait sur l'heure des excuses plates.

Dollfus, l'un des meilleurs tireurs de Cannes, met ses témoins en rapport avec ceux d'Adam, et, dès qu'il sait de quoi il s'agit, il blâme sa femme, déclare que ce n'est pas à une protestante de ne pas admettre la liberté de penser, et que, quand je reviendrai au cercle, il ira, sa femme au bras, me saluer solennellement.

Il ne reste que le duel Tollemache Sinclair qu'Adam ne veut pas lâcher, parce que ledit sir a déclaré que toute la colonie anglaise approuvait sa femme, que pas un Anglais ni une Anglaise n'admettront jamais qu'une païenne continue à faire partie du Cercle nautique.

Le président du Cercle, le duc de Vallombrosa, dit très haut qu'il est de cœur avec nous. Son fils, très jeune encore, qui sera le marquis de Morès, nous salue en agitant son chapeau chaque fois qu'il nous rencontre.

Le duc de Vallombrosa fait une démarche auprès de lord Dalhousie, chef de la colonie anglaise, et lui dit que tout le pays prend parti pour Adam et pour moi, et qu'il craint les suites de cet état d'esprit si son compatriote, sir Tollemache Sinclair, ne se bat pas avec Edmond Adam.

Sir Tollemache Sinclair continue à refuser de consti-
tuer des témoins et répète qu'il ne se battra pas.

Adam lui écrit alors la lettre suivante, qu'il fait en
même temps publier dans un journal de Cannes.

« Golfe Juan, 2 janvier 1870.

« A sir Tollemache Sinclair.

« Monsieur,

« Vous avez offert vous-même à mes témoins, puis
vous n'avez plus offert, et enfin vous me faites offrir
encore par M. Gazagnaire de représenter publiquement
lady Sinclair à ma femme. Cette manière de réparer des
torts graves que lady Sinclair et vous avez eus envers
Mme Adam, je ne la considère pas, ou je ne la considère
plus comme suffisante. J'ai pu, dans cette même affaire,
accepter une réparation de ce genre, de la part d'un
homme trompé et que j'estime, mais de vous je la refuse.

« Je ne voulais de vous qu'une chose : une satisfaction
par les armes. Mes amis ne vous ont demandé que cela,
rien de moins. Devant vos refus obstinés, je suis bien
obligé de renoncer, quant à présent, à l'espoir d'une rencontre honorable. L'affaire reste en cet état jusqu'à ce
que le cœur vous revienne. Demain, dans un mois, dans
un an, vous me trouverez toujours prêt à recevoir la
complète satisfaction que vous me devez.

« En attendant, je m'en remets à vos compatriotes,
ainsi qu'aux miens, pour infliger à votre conduite la très
sévère désapprobation qu'elle mérite.

« je vous salue,

« A. Edmond Adam.

« P.-S. Quant à la lettre d'excuses, de dénégations,

d'assurances, etc., etc., que vous m'avez fait remettre, je vous la rendrai quand vous voudrez. Je ne tiens pas du tout à conserver dans mes papiers une attestation d'honorabilité pour ma femme et pour moi venant de vous. »

Lord Dalhousie, après cette lettre, conseilla à sir Tollemache Sinclair de quitter son château de la Bocca pour la saison.

Les jeunes Anglais donnèrent un bal de « bachelor » au Cercle nautique où ils nous invitèrent, Adam et moi, par lettre spéciale. Le duc de Vallombrosa nous demanda d'entrer avec lui, et nous reçut de façon à effacer les dernières traces de cette affaire.

Mes sentiments et nos idées avant 1870

Femme de lettres, amie de Marie d'Agoult et de George Sand, la fervente républicaine Juliette Lamber (1836-1936) épousa Edmond Adam, qui fut député et sénateur. En 1879, elle fonda *La Nouvelle Revue*. Son salon parisien était un haut lieu de la IIIe République. Féministe de la première heure, elle fut au cœur des idées et des débats de son époque, ainsi qu'en témoignent les sept volumes de souvenirs qu'elle publia avant de mourir centenaire. Privilégiant la nature et l'art, elle entretint toujours des relations chaleureuses avec Prosper Mérimée, dont elle admirait la prose, nonobstant ses inclinations impériales. Dans *Mes sentiments et nos idées avant 1870*, elle consacre de nombreuses pages à sa vie sur la Côte d'Azur. Notamment lorsqu'en hiver 1868 elle accueillit George Sand à la gare de Cannes et l'emmena pique-niquer dans l'île Sainte-Marguerite. La Bonne Dame de

Nohant se montra enchantée de ses excursions dans la région et en ramena des végétaux rares afin de les planter dans son jardin. Durant son séjour de deux semaines à la villa *Les Bruyères*, Mérimée, averti par Juliette Adam, suspendit ses visites : il ne tenait pas à rencontrer celle avec laquelle il avait eu, jadis, des relations amoureuses, qui ne s'étaient pas avérées très concluantes.

GUY DE MAUPASSANT

Faune et flore

Après Mérimée, Maupassant est, incontestablement, l'autre grande figure littéraire de Cannes. La ville fut son port d'attache préféré durant la dernière décennie de sa courte vie. Il en aimait les paysages, le climat et la végétation, ainsi qu'en témoignent plusieurs de ses nouvelles. La faune plus ou moins mondaine qu'il y retrouvait durant la saison d'hiver était également une source providentielle d'inspiration pour ses personnages romanesques, tel Bel-Ami.

La longue promenade de la Croisette s'arrondit au bord de l'eau bleue. Là-bas, à droite, l'Esterel s'avance au loin dans la mer. Il barre la vue, fermant l'horizon par le joli décor méridional de ses sommets pointus, nombreux et bizarres.

À gauche les îles Sainte-Marguerite et Saint-Honorat, couchées dans l'eau, montrent leur dos, couvert de sapins.

Et tout le long du large golfe, tout le long des grandes montagnes assises autour de Cannes, le peuple blanc des villas semble endormi dans le soleil. On les voit au loin, les maisons claires, semées du haut en bas des monts, tachant de points de neige la verdure sombre.

Les plus proches de l'eau ouvrent leurs grilles sur la vaste promenade que viennent baigner les flots tranquilles. Il fait bon, il fait doux. C'est un tiède jour d'hiver où passe à peine un frisson de fraîcheur. Par-dessus les murs des jardins, on aperçoit les orangers et les citronniers pleins de fruits d'or. Des dames vont à pas lents sur le sable de l'avenue, suivies d'enfants qui roulent des cerceaux, ou causant avec des messieurs.

Première neige

Je vais assez souvent à Cannes qui est aujourd'hui une cour ou plutôt une basse-cour de Rois : rien que des Altesses. Et tout ça règne dans les salons de leurs nobles sujets. Le prince de Galles, qui serait fort beau avec la blouse bleue du marchand de porcs normand, bien qu'il ressemble à l'animal plutôt qu'au vendeur, règne sur un peuple d'Anglais, en face du comte de Paris, vrai serrurier, qui règne sur un peuple de nobles, faux ou vrais. Il est facile de constater que ce n'est pas par les Idées que périra la noblesse d'aujourd'hui, comme son aînée en 89. Quels crétins ! De temps en temps tous ces princes vont rendre visite à leur cousin de Monaco. Alors la scène change dès la gare. Les altesses qui daignaient à peine tendre un doigt, la veille, à leurs fidèles et très nobles serviteurs, inclinés jusqu'à leurs genoux, sont bousculés par les commissionnaires, coudoyés et poussés par des commis-voyageurs, entassés dans des wagons avec les hommes les plus communs, les plus grossiers et les plus malappris... et on s'aperçoit avec stupeur que, si l'on n'était prévenu, il serait impossible de reconnaître la distinction royale et la vulgarité bourgeoise.

Lettre datée du 2 mars 1886

Le premier séjour cannois de Guy de Maupassant (1850-1893) date de décembre 1883. Il résidait alors rue du Redan, l'actuelle rue Jean-Dollfus, et acheta une barque, la *Louisette*. Il avait recours à un matelot du cru, du nom de Galice, pour le conduire en mer. L'hiver suivant, il s'installa à la villa *Mon Plaisir*. Fin 1885, hébergé par un ami au Cap-d'Antibes, il acheta un bateau de plus fort tonnage, un cotre, le *Bel Ami I*, auquel succéda, en 1888, le *Bel Ami II*. Cette année-là, il séjourna à la villa *Continental*. Janvier 1890, il logea à la pension Marie-Louise. Enfin, durant l'hiver 1891, il loua le *Chalet de l'Isère* (42, avenue de Grasse), son dernier domicile, avant l'internement dans la clinique du docteur Blanche, à Passy, et sa mort, dix-huit mois plus tard. Là, dans la nuit du 1er au 2 janvier 1892, il tenta de se suicider, en se tranchant la gorge : quelques heures auparavant, en se promenant seul sur la route de Grasse, aux abords du cimetière de Cannes, il affirma avoir rencontré un fantôme qui n'était autre que… lui-même ! La folie l'avait définitivement gagné, conséquence de la syphilis, contractée quinze ans plus tôt, et contre laquelle il lutta jusqu'au bout, trouvant l'énergie nécessaire pour écrire, en un peu plus d'une dizaine d'années, près de trois cents contes et nouvelles, deux cents chroniques et six romans. À noter que la promenade de la Croisette a été percée en 1862 et achevée en 1874. Elle doit son nom à la petite croix, *crouseto* en provençal, qui était érigée autrefois à son extrémité et faisait l'objet de vénération de la part des anciens Cannois.

ANDRÉ GIDE

Flore champêtre et flore maritime

En 1883, alors âgé de treize ans, le jeune André Gide, accompagné de sa mère et d'une proche parente, découvrit Cannes pour la première fois. Ce fut un ravissement continuel, qui lui inspira des lignes dignes des Bucoliques, *où Narcisse-Gide prend des accents quasi virgiliens.*

Pendant que nous nous morfondions à Hyères, maman, qui ne prenait pas son parti de notre déconvenue, poussait une exploration par-delà l'Esterel, revenait éblouie, et nous emmenait à Cannes le jour suivant. Si médiocrement installés que nous fussions, près de la gare, dans le quartier le moins agréable de la ville, j'ai gardé de Cannes un souvenir enchanté. Aucun hôtel et presque aucune villa ne s'élevait encore dans la direction de Grasse ; la route du Cannet circulait à travers les bois d'oliviers ; où finissait la ville, la campagne aussitôt commençait ; à l'ombre des oliviers, narcisses, anémones, tulipes croissaient en abondance ; à profusion dès que l'on s'éloignait.

Mais c'est principalement une autre flore qui recevait le tribut de mon admiration ; je veux parler de la sous-marine, que je pouvais contempler une ou deux fois par semaine, quand Marie m'emmenait promener aux îles de Lérins. Il n'était pas besoin de s'écarter beaucoup du débarcadère, à Sainte-Marguerite où nous allions de préférence, pour trouver, à l'abri du ressac, des criques profondes que l'érosion du roc divisait en multiples bassins. Là, coquillages, algues, madrépores déployaient leurs splendeurs avec une magnificence orientale. Le premier coup d'œil était un ravissement; mais le passant n'avait rien vu, qui s'en tenait à ce premier regard : pour peu que je demeurasse immobile, penché comme Narcisse au-dessus de la surface des eaux, j'admirais lentement ressortir de mille trous, de mille anfractuosités du roc, tout ce que mon approche avait fait fuir. Tout se mettait à respirer, à palpiter; le roc même semblait prendre vie et ce qu'on croyait inerte commençait timidement à se mouvoir; des êtres translucides, bizarres, aux allures fantasques, surgissaient d'entre le lacis des algues; l'eau se peuplait; le sable clair qui tapissait le fond, par places, s'agitait, et, tout au bout de tubes ternes, qu'on eût pris pour de vieilles tiges de jonc, on voyait une frêle corolle, craintive encore un peu, par petits soubresauts s'épanouir.

Tandis que Marie lisait ou tricotait non loin, je restais ainsi, durant des heures, sans souci du soleil, contemplant inlassablement le lent travail rotatoire d'un oursin pour se creuser un alvéole, les changements de couleur d'une pieuvre, les tâtonnements ambulatoires d'une actinie, et des chasses, des poursuites, des embuscades, un tas de drames mystérieux qui me faisaient battre le cœur. Je me relevais d'ordinaire de ces stupeurs, ivre et avec un violent mal de tête. Comment eût-il été question de travail ?

Durant tout cet hiver, je n'ai pas souvenir d'avoir

ouvert un livre, écrit une lettre, appris une leçon. Mon esprit restait en vacances aussi complètement que mon corps.

Si le grain ne meurt
© Éditions Gallimard, 1926

Par la suite, André Gide reviendra souvent à Cannes, constatant les importantes modifications apportées régulièrement à la ville. Gageons que, pour qui sait la voir et la nommer, la flore, à défaut des paysages, a gardé, elle, toute sa richesse et sa diversité. Plus de soixante ans après sa première incursion à Cannes, Gide y connut, indirectement, une certaine consécration, grâce à l'adaptation cinématographique par Jean Delannoy de son livre *La Symphonie pastorale*, qui valut à Michèle Morgan le premier prix d'interprétation féminine de l'histoire du Festival du film, en 1946. Aujourd'hui, la route de Grasse et celle du Cannet, l'actuel boulevard Carnot, sont devenues des voies urbaines, bordées de zones entièrement loties, où ne subsiste plus aucune réserve naturelle, hormis quelques jardins. La gare centrale de Cannes, qui vit débarquer tant de têtes couronnées, d'artistes et d'hommes politiques éminents et les plus grandes stars du cinéma mondial, avait été inaugurée en 1863. Malgré l'achèvement de la couverture de la voie ferrée et des travaux de la nouvelle gare, en 1974, le quartier resta longtemps l'un des moins attractifs de la ville.

FRANCIS SCOTT FITZGERALD

Un Américain à Cannes

La première nouvelle européenne écrite par Francis Scott Fitzgerald se déroule à Cannes et date de 1924. Elle se présente comme une innocente bluette. Mais c'est compter sans le style incisif et inimitable de l'auteur de Gatsby le Magnifique. *Dans cet extrait, Fitzgerald évoque l'arrivée à Cannes des Américains et le déclin des Russes, ruinés par la Révolution de 1917.*

Val était mi-russe, mi-américain. Sa mère était la fille du célèbre Morris Hasylton, qui avait financé en 1892 l'Exposition universelle de Chicago. Quant à son père – vérifiez-le sur l'annuaire du Gotha, édition 1910 –, c'était le prince Paul, Serge, Boris Rostoff, fils du prince Vladimir Rostoff, lui-même fils du grand-duc Serge (que le profil de son menton avait fait surnommer *Serge la Galoche)* et cousin du tsar au troisième degré. Vous imaginez facilement que, pour cette branche de la famille, tout se devait d'être grandiose : résidence à Saint-Pétersbourg, rendez-vous de chasse dans les environs de Riga, somptueuse villa, semblable à un palais, toisant la Méditerranée, sur les hauteurs de Cannes. C'est là que les Rostoff venaient passer l'hiver – et c'eût été fort déplacé de rappeler à la princesse Rostoff que, depuis les fontaines de marbre (d'après Le Bernin) jusqu'aux gobelets à liqueur en or massif (d'après le dîner), tout ce que contenait cette villa avait été payé en solides dollars américains.

Dans ces temps bénis d'avant-guerre, les Russes étaient sans discussion possible les gens les plus gais du Vieux Continent. Des trois nationalités différentes, qui avaient élu le sud de la France comme terrain de plaisir, ils menaient, de loin, le plus fastueux train de vie. Les Anglais étaient trop pragmatiques, et si les Américains dépensaient sans compter, ils n'avaient aucune tradition romantique à laquelle se référer dans leur comportement. Les Russes, en revanche – ah ! Pour la galanterie, aussi doués que les Latins ! Et richissimes de surcroît ! Lorsque les Rostoff, fin janvier, débarquaient à Cannes, les restaurateurs s'empressaient de télégraphier dans le nord de la France pour connaître les goûts du prince en matière de champagne et trafiquer leurs étiquettes en conséquence, tandis que les joailliers mettaient de côté, à son intention, quelques merveilles rarissimes – sans que la princesse le sache, bien sûr – et l'on nettoyait l'église russe à grande eau, on la décorait, pour que le prince puisse y recevoir, en cours de saison, l'absolution orthodoxe de ses péchés. La Méditerranée elle-même prenait obligeamment, dans les soirs de printemps, des teintes pourpres de vin cuit, et les petits bateaux de pêche, aux voiles gonflées comme des rouges-gorges, cabotaient avec grâce le long de la côte.

Amour dans la nuit in *Fragments de Paradis,*
traduit de l'américain par Jacques Tournier
© Éditions Belfond, 1991

Les Russes constituaient la deuxième colonie la plus importante de résidents étrangers cannois, après les Anglais. En 1848, le banquier Eugène Tripet et son épouse, Alexandra Federovna Skrypitzine, durent s'arrêter à Cannes pour y faire réparer leur diligence. Séduits par le site, ils décidèrent de se faire construire une splendide demeure, de style mauresque, dans le quartier de la Basse-Californie. Ils attirèrent à Cannes l'aristocratie russe, qui s'installa principalement autour du large boulevard Alexandre-III. Là où s'élève l'église Saint-Michel-Archange. Consacrée au rite orthodoxe russe, œuvre de l'architecte Louis Nouveau, elle a été construite de 1894 à 1896, grâce aux fonds collectés auprès des membres de la colonie.

CANNES ESTIVAL

FRANCIS SCOTT FITZGERALD

Au soleil des Années folles

Après la Première Guerre mondiale, on assiste à un timide début de la saison d'été. Les estivants américains sont adeptes des bains de mer et des corps bronzés. Désormais, les teints de porcelaine sont passés de mode et la Belle Époque est terminée. On devine Francis Scott Fitzgerald et son épouse Zelda sous les masques des héros de Tendre est la nuit, *dont la première esquisse date de l'été 1925. Les Années folles sur la french Riviera, rebaptisée Côte d'Azur, ont commencé.*

La chaleur était suffocante, dans le compartiment de première classe. Les affiches bariolées des compagnies de chemin de fer – représentant le pont du Gard, le théâtre d'Orange, les sports d'hiver à Chamonix – donnaient une plus grande impression de fraîcheur que l'immense mer immobile, de l'autre côté de la vitre. Contrairement aux trains américains, pénétrés de leur propre destin de bolides, qui n'ont que mépris pour le monde extérieur, trop lent à leur gré et trop vite essoufflé, ce petit train entretenait d'étroites relations avec le pays qu'il traversait. Il éparpillait, en passant, la poussière des palmiers, mêlait ses escarbilles aux fumures des jardins. Rosemary se disait qu'en se penchant un peu elle pourrait toucher les fleurs.

Une douzaine de cochers de fiacres somnolaient sur leur siège, devant la gare de Cannes. En ce début d'été, les magasins de luxe et les palaces de la Croisette ne regardaient la mer qu'à travers leurs rideaux de fer et leurs volets fermés. Existait-il une « saison », pour eux ? Ça paraissait tout à fait incroyable. Rosemary, plus ou moins atteinte déjà par les engouements de la mode, éprouvait une sorte de gêne. Comme si elle avouait publiquement un intérêt morbide pour les agonisants. Comme si, en la reconnaissant, les gens allaient se demander ce qu'elle venait faire là, dans cette torpeur moribonde, entre les plaisirs de l'hiver passé et ceux de l'hiver à venir, alors que le monde réel continuait de gronder frénétiquement dans le Nord.

Elle sortait d'une pharmacie, où elle venait d'acheter de l'huile solaire, lorsqu'une femme, qu'elle reconnut comme étant Mrs. Diver, passa devant elle, les bras chargés de coussins. Elle se dirigeait vers une voiture, stationnée le long du trottoir. Un basset noir se mit à aboyer en l'apercevant, ce qui réveilla le chauffeur en sursaut. Elle monta dans la voiture. Son superbe visage était impassible. Ses grands yeux, sérieux et attentifs, regardaient devant eux sans se fixer sur rien. Elle portait une robe rouge vif, et ses jambes bronzées étaient nues. Son épaisse chevelure dorée, traversée de reflets plus sombres, évoquait la crinière d'un chow-chow.

Ayant une demi-heure à attendre, avant de reprendre son train, Rosemary s'assit sur la Croisette, à la terrasse du café des Alliés, que les arbres plongeaient dans une ombre verte. Un orchestre essayait d'attirer une improbable clientèle étrangère, en jouant les refrains du Carnaval de Nice, et quelques mélodies américaines, qui dataient de l'hiver précédent. Elle avait acheté, pour sa mère, *Le Temps* et le *Saturday Evening Post.* Elle commanda une citronnade et se plongea dans les Mémoires d'une princesse russe, que publiait le *Post.* L'évocation de cette société du dix-neuvième siècle, avec ses fastes révolus, lui parut plus vivante et plus proche d'elle-même que les gros titres du journal français. Le sentiment éprouvé à l'hôtel l'avait envahie à nouveau. Habituée à voir les évènements les plus inattendus classés, par les journaux de son pays, en tragédies ou comédies, avec une précision maniaque, incapable de démêler d'elle-même l'essentiel de l'accessoire, elle avait à nouveau l'impression que la vie, en France, s'était arrêtée. Impression renforcée par la musique de l'orchestre, une musique nostalgique et désolée, comme celle qui accompagne, au music-hall, les numéros d'acrobates.

Tendre est la nuit,
traduit de l'américain par Jacques Tournier
© Éditions Belfond, 1985

Dès 1924, Franck Jay Gould, riche héritier des chemins de fer américains, et son épouse Florence mirent en vogue la toute nouvelle station balnéaire de Juan-les-Pins. Ce couple, très fitzgéraldien, établit sa résidence à la villa Sémiramis, dans le quartier de la Californie à Cannes, attirant sur la Côte d'Azur bon nombre de leurs compatriotes. Par la suite, Florence Jay Gould tiendra un des plus brillants salons littéraires de la capitale et sera membre de l'Institut. À Cannes, la saison estivale fut officiellement lancée en 1928. À l'emplacement d'anciennes villas de la Croisette de nouveaux palaces vinrent s'adjoindre à l'Hôtel Gonnet et de la Reine, au Gray d'Albion, au Grand Hôtel et au Carlton, plus anciens : le

Majestic (1924), le Martinez (1927), le Miramar (1928). Tandis que le casino d'été du Palm-Beach fut inauguré, lui, en 1929. Autre époque, autre style, dont le patrimoine cannois conserve d'importants vestiges à travers villas, palais, immeubles et bâtiments publics.

ERNEST HEMINGWAY

Une ville émancipée

Publié après le suicide d'Hemingway, en 1961, Le jardin
d'Éden, *évoque le Cannes des années 20. Catherine,
l'héroïne, roule en Bugatti, et vient de se faire couper les cheveux à la garçonne, chez un coiffeur cannois. Elle arbore
aussi les premiers pantalons pyjamas, qui feront bientôt
fureur sur la Côte d'Azur.*

À Cannes ils achetèrent les journaux et un nouveau
Vogue en édition française, *Le Chasseur français* et *Le
Miroir des sports* et s'installèrent à une table en terrasse
à l'abri du vent et lurent et sirotèrent leurs verres et de
nouveau furent amis. David but du Haig et Catherine
prit un armagnac-Perrier.

Deux jeunes filles qui s'étaient arrêtées et s'étaient
garées le long du trottoir entrèrent à leur tour dans le
café et s'assirent et commandèrent un chambéry-cassis
et une *fine à l'eau.*

L'une des deux était une vraie beauté et ce fut elle qui
prit le brandy-soda.

« Qui sont ces deux-là ? dit Catherine. Tu le sais ?

– Je ne les ai jamais vues.

– Moi si. Je suis sûre qu'elles habitent dans le coin. Je
les ai déjà vues à Nice.

– Il y en a une qui est très belle, dit David. En plus elle
a de jolies jambes.

– Elles sont sœurs, dit Catherine. À vrai dire toutes les deux sont jolies.

– Mais il y en a une qui est belle. Elles ne sont pas américaines. »

Les deux jeunes filles se disputaient et Catherine dit à David : « Elles s'engueulent pour de bon, à mon avis.

– Comment savais-tu qu'elles sont sœurs ?

– C'est l'impression que j'ai eue à Nice. Maintenant je n'en suis pas si sûre. La voiture est immatriculée en Suisse.

– C'est une vieille Isotta.

– Si on attendait pour voir ce qui se passe ? Il y a long-temps qu'on n'a pas été témoins d'une tragédie.

– À mon avis il s'agit simplement d'un bon gros mélo italien.

– Ça se calme, donc ça devient sérieux.

– Ça va finir par exploser. Une sacrée belle fille celle-ci en tout cas.

– Oui, c'est vrai. Tiens la voici qui s'approche. »

David se leva.

« Je m'excuse, dit la jeune fille en anglais. Je vous en prie pardonnez-moi. Je vous en prie restez assis, dit-elle à David.

– Voulez-vous vous asseoir ? demanda Catherine.

– Je ne devrais pas. Mon amie est furieuse contre moi. Mais je lui ai dit que vous comprendriez. Vous me pardonnerez ?

– Doit-on lui pardonner ? dit Catherine à David.

– On lui pardonne.

– Je savais que vous comprendriez, dit la jeune fille. C'est seulement pour que vous me disiez où vous vous êtes fait couper les cheveux. » Elle rougit.

« Ou bien est-ce comme copier une robe ? Mon amie disait que c'est encore plus grossier.

– Je vais vous donner l'adresse, dit Catherine.

– J'ai affreusement honte, dit la jeune fille. Vous n'êtes pas fâchée ?

– Bien sûr que non, dit Catherine. Prendriez-vous un verre avec nous ?

– Je ne devrais pas. Est-ce que je peux demander à mon amie de venir ? »

Elle retourna quelques instants à sa table et il y eut un bref et violent échange de mots étouffés.

« Mon amie regrette beaucoup mais elle ne peut pas se joindre à nous, dit la jeune fille. Mais j'espère que nous nous reverrons. Vous avez été tellement aimables.

– Alors qu'en dis-tu ? fit Catherine lorsque la jeune fille eut rejoint son amie. C'est mieux que rien, non ?

– Elle reviendra pour te demander où tu t'es fait faire ton pantalon. »

Le jardin d'Éden,
traduit de l'anglais par Maurice Rambaud
© Éditions Gallimard, 1989

Dans ce roman posthume, qui présente bien des analogies avec celui de Scott Fitzgerald, on découvre l'ouest de la ville – alors que *Tendre est la nuit* se déroulait à l'extrémité est – entre Cannes et Golfe-Juan. David et Catherine, jeunes mariés, se sont installés, au début de l'été, dans une auberge désertée par les hivernants, nichée dans les pinèdes de La Napoule, dont le golfe marque l'entrée de l'Esterel. Marita, la jeune fille dont il est question dans cet extrait, deviendra la maîtresse de Catherine, avant de la supplanter dans le cœur de David, un écrivain américain. Là encore, la vie de l'auteur se confond avec celle de ses personnages. Les protagonistes y boivent sec et pratiquent le naturisme dans les criques sauvages voisines de l'Esterel où, il n'y a pas si longtemps, vivaient encore des ermites. Une existence plus en phase avec la nature, qui n'empêche pas les femmes de conduire des décapotables rapides et de suivre les dernières tendances de la mode. À cette époque-là, Coco Chanel, qui imposa le tailleur à jupe courte, les souliers à talons plats et le chapeau cloche, venait d'ouvrir une boutique sur la Croisette. Elle pouvait y croiser Paul Poiret, qu'elle détrôna, et auquel revient le mérite d'avoir libéré les femmes de leurs bustiers et de leurs corsets. Ruiné, il se retira à Cannes où, pour subsister, il peignait et récitait des fables de La Fontaine dans un cabaret !

HÉLÈNE TOURNAIRE

Une famille cannoise

Née « dans le bouillonnement des Années folles », au sein d'une vieille famille d'horticulteurs, Hélène Tournaire se souvient, à travers l'évocation de son oncle Jules, du Cannes de son enfance.

Descendue de Mougins, notre famille s'installa à la Croix des Gardes en 1732, après que les Espagnols eurent été chassés des îles de Lérins où ils avaient pris pied, avant les ultimes incursions barbaresques. Elle y menait cette existence provençale proche de la terre, jamais éloignée des arts, curieuse du monde et préservant le loisir. [...]

Jules avait repris, avec « Le Parterre fleuri », cette maison familiale perchée sur la colline d'où la vue plongeait dans un infini de mer et de ciel, le métier de Grand-Père. Nous sommes tous horticulteurs (sauf deux, la fille de Jules et moi), tous spécialistes du mimosa.

L'un de nos aïeux, capitaine au long cours, décida de prendre sa retraite vers les quarante-cinq ans. Sa dernière escale était l'île de Saint-Domingue. [...]

L'aïeul prit un mimosa, le mit dans son chapeau comme Jussieu son cèdre. [...]

Le mimosa se plut au jardin, grandit, se reproduisit, orgueil de la famille et objet de curiosité pour les visiteurs. Malgré cela, nous n'aurions sans doute pas persévéré dans ce culte sans la reine Victoria. Non point parce qu'elle admirait cette fleur inconnue, mais parce qu'ils n'en ont pas en Angleterre.

Cependant, chacun apportait à ce métier les variantes de son caractère, les uns traitant le mimosa comme un produit industriel, les autres plus lyriques. Grand-Père, un être doux, paisible et taciturne, avait créé des espèces des fleurs les plus diverses, dont un œillet rose encore en vogue, le Fanny. L'oncle Honoré, le mâle autoritaire, réglementait l'accouplement des pollens. C'est lui qui contraignit la mimeuse à perdre son côté pudique et rétractile. Il obtint tous les mimosas à feuille vert sombre que l'on voit sur les marchés. Réformé, n'ayant pas fait la guerre, il était cocardier en diable. Il nomma son plus beau mimosa le Gaulois. Suivit l'énumération des généraux de 14-18, le Foch, le Joffre et le Pétain, qui ne fut pas un succès. Le nom de Tournaire revint au plus tardif, un mimosa de printemps.

Mon père, qui s'était intéressé un moment à la rose verte, cherchait le mimosa bleu. Jules, lui, ne modifiait pas le cours de la nature ; ce n'était pas dans son tempérament. Son sol devenait terre d'accueil pour les essences lointaines scientifiquement étudiées à la Villa Thuret du Cap-d'Antibes. De ses visites aux laboratoires des phytopathologues, il rapportait des plants, des boutures. Bientôt, des pamplemoussiers se mêlèrent aux orangers et aux citronniers du verger. Des qum-quats mûrirent. Les murs qui abritaient son bonheur avec Juliette se garnirent d'hibiscus et de bougainvillées couleur d'améthyste.

Jules empaillé
publié par les éditions Balland en 1975,
DR

Mais qui sont-ils ces Cannois? Une peuplade, très singulière, qui pratiquait déjà le métissage et la mondialisation bien avant que ces termes ne soient inventés! Les Oxybiens, tribu ligure, furent les premiers habitants de ce site, alors baptisé Oxybia. Les Phocéens, installés à Marseille (Massilia), en firent ensuite un comptoir grec, dénommé Castrum Marsellinum. Puis vinrent les Romains, qui établirent là un relais sur la voie Aurélienne, appelé Castrum de Canoïs. Le quartier de la Castre perpétue encore la mémoire de l'antique castrum (château) qui coiffait à l'époque le sommet de la colline du Suquet. Du Ve siècle à la Révolution, Cannes fut placée sous la protection de l'abbaye de l'île Saint-Honorat. Repliés dans leurs murs, les Cannois eurent encore à subir l'invasion des Sarrasins, puis l'incursion des Espagnols, qui occupèrent les îles de Lérins au XVIIe siècle. Des résidents, plus pacifiques, contribueront au XIXe siècle à la richesse et à la renommée de la ville, dont la population s'étoffa dès lors de l'apport de travailleurs immigrés, principalement piémontais. Mouvement relayé ensuite par d'autres ressortissants de l'Europe du Sud et par les Maghrébins. Autant d'échanges qui participent à la diversité d'origine des Cannois actuels, dont les anciennes familles de pêcheurs et cultivateurs se sont reconverties dans les métiers de services et du commerce.

PAUL MORAND

La retraite des dieux

Féru de culture classique, mais résolument moderne, l'auteur de L'homme pressé *a beaucoup fréquenté la Côte d'Azur, depuis la Belle Époque et plutôt durant la saison d'hiver. Il posséda même une villa à Villefranche-sur-Mer. Peu avant la Seconde Guerre mondiale, il consacra tout un livre aux principales cités méditerranéennes, réservant un sort particulier à Cannes.*

Cannes porte le nom d'une défaite célèbre, d'ailleurs ce n'est pas le même Cannes; depuis rien que des victoires. C'est un des trésors du monde, un des objets de délectation moderne; quand une femme dit « Cannes », ses yeux brillent de cet éclat cher qu'ils ont quand elle parle brillants, zibelines ou Chanel. Le demi-luxe de notre époque l'a moins défigurée que tant d'autres lieux. Depuis le jour où lord Brougham, il y a cent ans, y fixa sa résidence, Cannes est devenue colonie anglaise. Après la guerre, les Américains s'y sont installés, précédés ou suivis de ces grands palaces comme les Anglais n'ont jamais accoutumé d'en avoir; hôtels d'une richesse aride, d'un éclat cruel, d'une tristesse violente, d'une beauté véritablement atroce. Puis les devises étrangères ont fléchi (on a vu des Anglais affolés, en août 1931, y offrir en vain leurs livres à soixante francs), les Français ont peu à peu repris possession de Cannes. Le port, à l'aube ou au coucher du soleil, est dans sa couleur et sa petitesse, par son atmosphère d'élégance, par le bonheur de ses proportions, une des jolies inventions de l'homme en collaboration avec ceux des dieux de l'Antiquité qui ont pris leur retraite sur la Croisette.

Méditerranée, mer des surprises
© Éditions du Rocher

Aux dieux hypothétiques de l'Olympe, ont succédé depuis ceux, bien réels, du ghota, de la finance ou du cinéma. Parmi les adresses mythologiques de la Croisette, mentionnons le Carlton, qui trône majestueusement au centre de la promenade depuis près d'un siècle. Palace de légende, construit pour Henri Rhül, par l'architecte Charles Dalmas, un élève de Charles Garnier, il fut élevé entre 1909 et 1913. Ses coupoles d'angle en ardoise grise, qui contrastent avec la beauté de sa façade de cent mètres de longueur, auraient été inspirées par le gabarit des seins de la Belle Otero ! À peine achevé, le Carlton fut transformé en hôpital durant la Première Guerre mondiale : Blaise Cendrars y fut soigné. En 1922, réquisitionné par Aristide Briand, il fut le siège de la Conférence de la paix. Depuis, les têtes couronnées et les rois du monde des affaires, de la politique et des arts n'ont cessé d'occuper ses suites fastueuses et ses somptueux salons.

PHILIPPE ERLANGER

Cannes sous l'Occupation

Après l'armistice, l'historien Philippe Erlanger, directeur du service des Beaux-Arts au ministère des Affaires étrangères, fut contraint de se réfugier à Cannes, alors en zone libre. Apparenté par sa mère à la famille de Camondo, il lui avait été opportunément rappelé par son administration qu'il était juif. À Cannes, résidant au Grand-Hôtel, il devint l'un des personnages du Temps retrouvé.

Le printemps resplendit, le ciel, la mer, le soleil, les fleurs me font fête. Il n'est pas possible que le monde soit en feu, il n'est pas possible que des lois insensées...

Encore que je sois choqué d'être remorqué par un vélo-taxi. Sauf l'absence de voitures, à la rigueur naturelle en cette saison, rien ne semble avoir changé depuis deux ans. Mais, sur un mur, une inscription en lettres énormes me ramène à la réalité : « Mort aux juifs ! » Allons, il ne faut pas perdre la tête ! [...]

S'il est vrai que le maire ait en effet envisagé des mesures spéciales contre les Juifs, les commerçants et les hôteliers irrités l'ont aussitôt forcé à battre en retraite. Cannes connaît en effet une prospérité inespérée grâce à l'afflux des Israélites. À tel point que les mauvais plaisants l'appellent « Kahn ». [...]

Je retrouve avec émotion des amies très chères, Mme Pierre Baudin dont le mari serait devenu Président de la République s'il n'était pas mort prématurément, Germaine Everling Picabia, ancienne compagne du peintre surréaliste, Mme Fernand Halphen que d'aucuns surnomment la papesse juive. Cette femme remarquable, grande bienfaitrice des Juifs de Palestine et providence des réfugiés, a été dans son milieu un précurseur en art. Veuve, elle s'est vue jadis exposée à perdre la tutelle de ses enfants parce qu'elle avait acheté un Van Gogh.

Ces dames me conseillent de suivre leur exemple et de me tenir un peu à l'écart de la société extraordinairement disparate qui échange des nouvelles souvent fausses sur la Croisette et à la terrasse de l'hôtel Carlton, aussi insensible que *Le Bœuf sur le Toit* aux vicissitudes historiques. Mais le bizarre me fascine et je ne les écoute pas.

Malgré les Juifs, Cannes, en effet, n'a rien d'un ghetto. Il a vraiment fallu des circonstances extraordinaires pour créer cette Babel, microcosme de toutes les catégories de personnes que menacent les nazis ou simplement qui ne les aiment pas. Il y a l'Aga Khan et l'ex-Khédive d'Égypte, d'ailleurs pressés de s'éloigner. Il y a des Bourbon-Siciles, des Bourbon-Parme et des princes russes en exil. Il y a une colonie roumaine rassemblée autour d'Hélène Vacaresco, pareille à une vieille sultane, et la veuve de Titulesco qui fut un illustre ténor de feue la Société des Nations. Il y a l'ancien ambassadeur hollandais et des hommes d'État grecs. [...]

Les ayant salués, je tombe sur un Maurice Chevalier en pleine forme. Il est à son ordinaire un peu goguenard, un peu protecteur, très sûr de soi avec une ombre de complexe. Il me prend par le bras et me confie quelles angoisses il a éprouvées à cause de « sa petite maîtresse » Nita Raya qui est juive. [...]

Contraste : Tristan Bernard s'avance avec sa barbe, sa houppelande et son chapeau défoncé, flanqué de son inséparable Romain Coolus qui, totalement oublié de nos jours, n'en fut pas moins un auteur célèbre. Tristan a sa belle humeur habituelle et fait, si j'ose dire, un « mot » de chaque phrase. Il me chuchote comme un secret celui qu'il se plaît à répéter :

On bloque les comptes et on compte les Bloch.

La France sans étoile
© Éditions Plon, 1974

Né à Paris en 1903, Philippe Erlanger est mort à Cannes en 1987. La ville lui est redevable de l'implantation à Cannes, au détriment de Biarritz, du Festival international du film, dont il fut le fondateur. Il s'activait encore à la préparation de la première manifestation, qui devait débuter le 1ᵉʳ septembre 1939, quand éclata la guerre. Le Festival de Cannes devait être créé pour contrer la Mostra de Venise. Ouverte en 1932, celle-ci était tombée entre les mains des fascistes italiens : en 1938, le Grand Prix fut attribué à un documentaire, *Les Dieux du stade*, de Leni Riefenstahl. Les démocraties voulurent réagir, mais elles n'en eurent pas le temps. Philippe Erlanger resta à Cannes jusqu'en 1943, quand les Italiens, qui contrôlaient les Alpes-Maritimes, durent se retirer au profit des forces allemandes. Il parvint alors à se réfugier dans un château perdu du Gers, tandis que la grande majorité de ses coreligionnaires tombait entre les mains des nazis. Finalement, l'inauguration du Festival eut lieu en 1946. Philippe Erlanger en fut le directeur, puis le président et, enfin, le président honoraire.

FRANÇOIS CHALAIS

Batailles de films

En 1946, François Chalais (1920-1996), jeune reporter de guerre, fut envoyé sur un front d'un nouveau genre : la première manifestation du Festival international du film. Dans son livre de souvenirs, il consacre tout un chapitre, titré Notes pour servir à l'histoire de la bataille de Cannes, *où il retrace les riches heures d'un combat qu'il couvrira, vaillamment, jusqu'à la fin de sa vie.*

Mais on dirait pourtant que l'on ne se déplace plus que dans un univers parallèle. Cannes, c'est de la science-fiction à l'envers. Changez les vêtements, bouleversez les mœurs. Chacun a l'air de ne plus savoir que dire : « À la première du *Cid*, j'étais là… » J'y étais.

Pour moi, tout devait commencer un matin de 1946, lorsque le directeur du journal auquel je collaborais, et qui ne s'était pas encore aperçu qu'il avait tout à perdre à se passer de mes services, me demanda si un petit séjour sur la Côte d'Azur ne contrarierait pas trop mes projets. Il avait même eu l'extrême obligeance de me désigner le lieu de ma villégiature : Cannes. De cette ville, je ne savais pas grand-chose, sinon que le climat devait y être plus favorable que celui de la région parisienne à la même époque.

Frais, ou plutôt pas très frais, émoulu de l'Occupation sans pain et des armées à suivre sur les routes qui n'avaient qu'un rapport lointain avec celles des vacances, j'ignorais les rivages de la Méditerranée. Cannes était pour moi la capitale d'une opérette géographique réservée à des Anglais d'un autre âge, et à des pêcheurs de bouillabaisse entrés en dissidence contre ceux de Marcel Pagnol. Je pris donc ma brosse à dents, le train, et un air important.

Depuis, plus de vingt-cinq ans ont passé. Mon air important a perdu de sa superbe en prenant des rides que je ne suis pas sûr de pouvoir faire passer pour des traits de caractère. Le Festival est resté. Mais, de si loin, je ne sais si je pourrais démêler avec précision la vérité de la légende. Craignant de mal me souvenir, j'ai peur de trop bien inventer. Cela était vrai, en tout cas, ce palais flambant neuf mais pas terminé pour le jour de l'inauguration, au plâtre humide duquel collaient tristement les robes des élégantes empesées par le caprice new-look de Christian Dior. Une riche soirée. Sur l'écran embué de peinture, à demi camouflé par les corbeilles d'hortensias disposées à la hâte pour dissimuler les brèches les plus flagrantes, le dialogue du film avait bien du mal à percer, couvert par les exclamations des dames embrassées de trop près par les parois dégoulinantes de glu colorée. Et vraies aussi ces projections harassantes, au programme desquelles des organisateurs dont on ne sait s'il faut souligner l'imprudence ou l'optimisme faisaient figurer, dans la même soirée, quatre ou cinq ouvrages en version originale sans sous-titres, et autant de courts sujets où le renouveau social du Pakistan rivalisait de sophistication avec une pêcherie en haute mer que l'on avait hâtivement entortillée dans la partition du *Cygne* de Saint-Saëns. Tandis que trois mousquetaires mexicains succédaient à un *César et Cléopâtre* abusivement adapté de G. B. Shaw par un Hongrois en dissidence, épuisés, nous quittions à tour de rôle la salle mal aérée du Casino où avaient lieu les séances, pour aller tirer une pinte de bière dans le petit bistrot d'en face, à côté de la Môme Moineau en casquette de capitaine de bateau-lavoir pour Rothschild incognito.

– Où sont-ils ? mendiait, hagard, le directeur du Centre du Cinéma, en évoquant les d'Artagnans amateurs de samba.

– À Calais, expirait un émissaire tout en nage…

Comme en ce temps-là on avait encore de la culture, nous savions ainsi que cela nous laissait la récréation d'une bière fraîche avant les ferrets de diamant.

Les Chocolats de l'entracte
© Hachette Carrère, 1989

Devant l'ampleur prise par ce rendez-vous culturo-médiatique de portée internationale, le Palais des Festivals, construit hâtivement à l'emplacement de l'élégant Centre nautique, se révélera bien vite trop étroit. Il a cédé la place depuis au Palais Stéphanie. Inauguré en 1982, sur le site de l'ancien Casino municipal, à l'entrée de la Croisette, l'actuel Palais des Festivals et des Congrès, œuvre des architectes Burnett et Druet, fut surnommé, dès l'achèvement des travaux, « le Bunker ». Dominant le vieux port, il intègre le nouveau casino et est doté d'un grand auditorium de 2 246 places, d'un théâtre de 1 000 places et d'une salle de réception et de gala pouvant accueillir jusqu'à 3 000 personnes. Il est agrémenté de 1 275 m² de terrasses panoramiques, d'un espace Riviera de 10 000 m² et d'une rotonde de 2 700 m² pouvant contenir 1 750 personnes. C'est là qu'a lieu désormais la traditionnelle montée des marches, où les combattants qui concourent aux distinctions suprêmes sont les demi-dieux descendus tout droit de l'Olympe cinématographique mondial. Faisant de Cannes, chaque année au mois de mai, tant par le volume d'affaires qui s'y traitent que par ses programmations officielles et parallèles, La Mecque incontestable du VIIe art.

Cannes gay

Après la guerre, Jean Genet découvre Cannes, sur les pas de Jean Cocteau et de Jean Marais. Pour lui la ville n'est plus qu'un corps, celui de Lucien Sénémaud, dédicataire du recueil de poèmes Le Pêcheur du Suquet, *qu'il immortalisera aussi dans l'unique film qu'il ait jamais réalisé :* Un chant d'amour.

Je le vis ainsi pour la première fois : Lucien descendait du Suquet pieds nus. Pieds nus, il traversait la ville, entrait au cinéma. Il portait un costume d'une élégance sans faute : un pantalon de toile bleue avec un maillot de matelot rayé blanc et bleu dont les manches courtes étaient retroussées jusqu'à l'épaule. J'ose écrire qu'il portait encore des pieds nus, tant ils me semblèrent être les accessoires travaillés pour compléter sa beauté. J'admirais souvent sa maîtrise et l'autorité que lui conférait, dans la foule vaniteuse de cette ville, la simple et gentille affirmation de sa beauté, de son élégance, de sa jeunesse, de sa force et de sa grâce. Au centre de cette profusion de bonheur, il me parut grave et il sourit.

De la plante araucaria les feuilles sont rouges, épaisses et duveteuses, un peu grasses et brunes. Elles ornent les cimetières, la tombe des pêcheurs morts depuis longtemps qui, durant des siècles, se promenèrent sur cette côte encore sauvage et douce. Ils brunirent leurs muscles, déjà noirs, en halant des bateaux et des filets. Ils portaient alors un costume dont les détails oubliés changèrent peu : une chemise très échancrée, un foulard multicolore autour de leur tête brune et bouclée. Ils marchaient pieds nus. Ils sont morts. La plante qui pousse aussi dans les jardins publics me fait songer à eux. Le peuple d'ombres qu'ils sont devenus continue ses lutineries, son bavardage ardent : je refuse leur mort. N'ayant d'autres plus beaux moyens de ressusciter un jeune pêcheur de 1730, pour qu'il vive plus fort, je m'accroupissais au soleil sur les rochers ou le soir dans l'ombre des pins et j'obligeais son image à servir mon plaisir. La compagnie d'un gamin ne suffisait pas toujours à me distraire d'eux. Un soir, je secouai les feuilles mortes accrochées à mes cheveux, à ma veste, je boutonnai mon pantalon et je demandai à Bob :

– Tu connais un type qui s'appelle Lucien ?

– Oui, pourquoi ?

– Rien. Il m'intéresse.

Le gars ne broncha pas. À tâtons, il se débarrassait des aiguilles de pin. Il frotta subtilement ses cheveux pour sentir les brins de mousse, il sortit un peu de l'ombre du bois pour regarder si du foutre n'avait pas éclaboussé son froc de soldat.

– C'est quel genre de type ? dis-je.

– Lui ? Un petit voyou. Il fréquentait des mecs de la Gestapo.

Une fois de plus, j'étais le centre d'un tourbillon grisant. La Gestapo française contenait ces deux éléments fascinants : la trahison et le vol. Qu'on y ajoutât l'homosexualité, elle serait étincelante, inattaquable. Elle possédait ces trois vertus que j'érige en théologales, capables de composer un corps aussi dur que celui de Lucien. Que dire contre elle ? Elle était hors du monde. Elle trahissait (trahir signifiant rompre les lois de l'amour). Elle se livrait au pillage. Elle s'exclut du monde, enfin, par la pédérastie. Elle s'établit donc dans une solitude increvable.

Journal du voleur
© Éditions Gallimard, 1949

Cannes n'a pas attendu la récente révolution sexuelle pour accepter les différences. La ville fut toujours bienveillante aux amours homosexuelles, à l'égal de Mikonos, Capri ou Tanger. Une antique tolérance, qui permit très tôt l'ouverture, à Cannes, d'établissements gays. Dans les années 20, autour du casino d'été du Palm-Beach, on ne comptait pas moins de deux boîtes réservées aux lesbiennes et une aux homos. Dans les rues du centre, des bars revendiquent encore leur création à la fin du XIXᵉ siècle, tel *Le Zanzibar* dont les fresques des années 50 montrent de langoureux marins et pêcheurs, les mêmes qu'à l'époque chantaient Cocteau et Genet. Longtemps, *Les Trois Cloches* tinrent le haut du pavé. Tout comme *La Plage sportive*, animée par la célèbre Madeleine. Aujourd'hui les lieux d'accueil et de rencontres ne manquent pas, ainsi qu'en témoignent les guides spécialisés. En lisière de Cannes (Montée des Oliviers, au Cannet-Rocheville), Genet fit bâtir une villa pour Lucien, avec ses droits d'auteur. Ce dernier y fonda une famille et la baptisa Saint-Genet.

Marinade de sardines à l'huile solaire

Lorsqu'en 1948, Colette rédige son dernier récit, elle est alors âgée de soixante-quinze ans. Devenue impotente, elle ne peut plus se déplacer qu'en fauteuil roulant. Cet été-là, les amis chez lesquels elle était en vacances à Grasse l'emmenèrent en promenade à Cannes.

On ne me montre pas ce qui est beau. La prévenance de mes amis, qui n'écarte pas l'humour, me mène à une quinzaine de kilomètres, tout le long de la Croisette, en choisissant l'heure où, entre des baigneurs innombrables, un baigneur, une baigneuse, nus, s'ajustent à un petit flot disponible, l'heure où un consommateur, entre des consommateurs, revendique un secteur de guéridon et un jus de fruit personnels; où le dos nu dit au dos contigu, avec l'accent du défi : « Moi, je suis le plus noir ! » Le spectacle m'est si étrange que je réclame, comme au manège de chevaux de bois : « Encore un tour ! »

Sur la mer, un bateau tire après lui son ski nautique, insecte d'argent au bout d'un fil. Au loin et couplés, ennoblis par la distance, leur pariade est la seule qui évoque, ici, l'idée de l'amour. Tout le reste... Je n'ai jamais vu, je crois, une foule moins amoureuse, ni plus nue, que ce Cannes 48. Serrés, ils ont l'air voluptueux autant qu'une caque pleine. Pourtant, qu'il fait beau,

alors que partout ailleurs il pleut! « Encore un tour? »
On me l'accorde au ralenti, entre la mer et les coutu-
riers, la mer et les joailliers, la mer et les marchands de
sandales, de soutiens-gorge et de jus de fruits, la mer et
les hôtels et les voitures et les éventaires de fleurs et les
insolés et les femmes au brou de noix... Un hôtel jaune
dépasse toutes les proportions raisonnables, se rit de
l'harmonie architecturale. Un orchestre essaie de faire
entendre en plein air sa petite voix maigre. Sur les
femmes, en guise de costumes balnéaires, je recense des
shorts, plissés ou non, en tissus pauvres et fleuris, des
gorgerins comme le creux de la main. Cela sert de tenue
de promenade et de vêtement d'après-midi; l'ourlet en
haut de la cuisse est un peu graisseux, un peu crasseux,
à cause de l'huile. Les hommes, nantis d'un slip bref et
révélateur, s'en tirent à meilleur compte. Tant femmes
qu'hommes, ils sont trop... « Voulez-vous faire encore
un tour? – Non, merci. » Au fond, je ne sais pas très
bien, ici, si toute la chair diverse et exhibée me rend
végétarienne, ou si je suis terriblement jalouse de ceux
qui jouissent de l'eau salée, de l'agilité, de la nudité... Je
retourne volontiers à mes vallons de Grasse. Mais en
même temps je quitte la mer; elle reste de l'autre côté
des collines, là, tenez, derrière ces deux petits seins du
paysage qui respire si doucement. Elle n'est pas loin; il
semble qu'en nous soulevant sur la pointe des pieds...
Résignons-nous, d'ici, on ne voit pas la mer.

Le Fanal bleu
© Librairie Arthème Fayard, 2004

Après la longue parenthèse de la guerre, le processus amorcé en 1936 s'accentua. Les congés payés, institués par le Front populaire, permirent aux classes laborieuses de goûter, elles aussi, aux plaisirs de la baignade et du bronzage. Au plus chaud de l'été, les Cannois assistèrent à la venue en masse d'une nouvelle catégorie de vacanciers : les juilletistes et les aoûtiens. À Cannes, la saison estivale, rebaptisée touristique, commence désormais avec l'ouverture du Festival du film et s'achève au début de l'automne. Colette, qui avait découvert, vingt ans plus tôt, la paisible bourgade de Saint-Tropez et ses plages sauvages, ne pouvait plus reconnaître la Côte d'Azur d'antan. Du temps où, à la Treille Muscate, les pieds dans l'eau, elle célébrait encore les joies du corps. On aura compris que le jugement acerbe qu'elle porte ici, non sans un certain ressentiment, sur l'étalage des chairs, est plus esthétique qu'éthique.

GEORGES SIMENON

Forville, dimanche matin

Un beau dimanche de la fin des années 50, Émile, cuisinier qui a épousé la patronne de La Bastide, une auberge de l'arrière-pays cannois, a décidé d'assassiner sa femme. En attendant, il lui faut faire le marché, comme à son habitude, car c'est le jour où ils ont le plus de clients pour le déjeuner.

Émile s'installa au volant de la 2 CV carrossée en camionnette et mit le moteur en marche. Quand il se retourna, avant la pente, il aperçut Ada sur le seuil et n'en eut aucune émotion.

Le chemin était difficile, avec un rocher à droite et un fossé à gauche. Il n'y faisait plus attention. Un peu plus tard, il roulait entre deux haies, passait devant une villa, puis devant une petite ferme, pour déboucher enfin, aux Baraques, sur la route Napoléon.

Quelques motos montaient vers Grasse et, sur la plupart, il y avait un couple. Certains conducteurs avaient déjà le torse nu. D'autres voitures le dépassaient dans la descente, immatriculées à Paris, en Suisse ou en Belgique.

À Rocheville, il tourna à droite, longea le mur du cimetière, de l'hôpital, descendit la rue Louis-Blanc et franchit le pont du chemin de fer. Il faisait le même chemin trois fois par semaine, cherchait toujours à garer sa voiture devant la boucherie d'abord, ensuite, s'il ne trouvait pas de place, dans l'étroite rue Tony-Allard, près de la crémerie peinte en bleu clair où il se fournissait.

Le marché Forville battait son plein et la preuve que la saison était commencée c'est qu'on apercevait quelques femmes en short, voire en maillot de bain, des lunettes sombres sur les yeux, des chapeaux plus ou moins chinois sur la tête.

C'était bon qu'il ait à s'occuper et que ces images familières lui passent sous les yeux. Il ne fallait pas non plus oublier sa liste.

– Alors, monsieur Émile ? Vous avez du monde ?

Des odeurs de fromages. Des vendeuses à la peau claire, au tablier très blanc.

– Deux pensionnaires, toujours les mêmes.

– Cela va venir. Hier, on a commencé à voir des embouteillages sur la route.

Il chercha sa liste dans sa poche, fit sa commande, déchiffrant non sans peine l'écriture de Mme Lavaud. [...]

L'air devenait chaud. Émile passait de l'ombre au soleil, du vacarme du marché au silence des petites rues. En face de la crémerie, on voyait une boutique d'articles de pêche. Il y avait un mois qu'il n'était pas aller pêcher. Il irait dès que tout serait fini. [...]

Un panier à la main, il se dirigea vers le port, non pas celui des yachts, où on voyait se déployer quelques voiles blanches, mais celui des pêcheurs, où les « pointus », qui étaient sortis la nuit, venaient s'amarrer les uns à côté des autres.

À mesure qu'il avançait parmi les filets mis à sécher, il entendait :

– Salut, Émile...

Car il n'était plus tout à fait un étranger.

Il questionnait :

– Polyte est rentré ?

– Il y a une demi-heure. Je crois qu'il a quelque chose pour toi...

Il passait sur un autre appontement et trouvait Polyte, dans son bateau, occupé à trier du poisson.

– Tu as les encornets ?

– Six livres.

Cela formait au fond du panier une masse visqueuse d'un blanc de porcelaine et quelques encornets avaient craché leur encre.

– Tu veux de la bouillabaisse aussi ?

– À combien ?

– T'en fais pas. On s'arrangera.

Il en prit une certaine quantité car, avec le beau temps, il y avait des chances pour qu'on fasse une trentaine de couverts et la plupart des touristes réclamaient de la bouillabaisse.

Le bateau du docteur Guérini n'était pas à son ancrage.

– Il y a longtemps que le *Sainte-Thérèse* est sorti ?

– Je l'ai aperçu entre les îles en rentrant. Il a dû partir qu'il faisait nuit.

Le fromage, le poisson, la viande. Il lui restait à passer à l'épicerie. Puis il poussa la porte de Justin, qui tenait un des petits bars du marché.

– Salut, Émile...

Les hommes buvaient du vin blanc, les femmes du café, et on aurait dit que tout le monde parlait à la fois. C'étaient des gens du marché, ou des commerçants de la place, qui étaient debout depuis trois ou quatre heures du matin. Chacun, à son tour, se dirigeait vers l'urinoir.

– Beau temps !

– Beau temps.

Il était juste un homme comme les autres, un homme comme eux.

Dimanche

Après son séjour aux USA, Georges Simenon s'installa en famille à Cannes, villa Golden Gate, dans le bas de la colline de la Californie. Il y resta de 1955 à 1957, et y écrira plusieurs romans et autres aventures du commissaire Maigret. Outre *Dimanche*, un deuxième roman, *Strip-tease,* nous fait revivre le Cannes de ces années-là. Dans ce livre, Simenon nous introduit dans le Cannes by night, plutôt glauque, des boîtes de nuit, moins fastueux que celui des palaces et des casinos. On y suit à la trace Célita, une ancienne danseuse, qui a échoué comme entraîneuse au Monico, près du marché Forville. À cette époque, le marché Forville était déjà le cœur populaire de la ville. Un espace qui faisait se rencontrer les Cannois de toutes classes, les touristes et les résidents. Véritable melting-pot où il n'était pas rare de voir une poissonnière haranguer un millionnaire pour un simple regard suspicieux sur son poisson ! Le marché était ouvert à partir d'une heure du matin, jusqu'à 13 heures. On y achetait tous les produits frais d'alimentation, en gros et au détail. Les hôtels et restaurants s'y approvisionnaient directement. Aujourd'hui, malgré le départ du marché de gros à Ranguin, quartier à l'ouest de la ville, et l'installation dans les parages de supermarchés, il demeure, avec le marché de La Bocca, le principal lieu de rencontre et d'échanges de la ville.

FRANÇOISE SAGAN

Les jeux sont fêtes!

*Le 21 juin 1956, le jour même de ses vingt et un ans, Fran-
çoise Sagan, tout juste majeure à l'époque, et intronisée par
deux parrains, comme l'usage l'exigeait, put enfin pénétrer
dans une salle de jeux. Cela se passait au casino du Palm-
Beach de Cannes. Le début d'une passion dont elle aura bien
du mal à se débarrasser par la suite.*

Cette première rencontre donc se déroula dans le
faste. La fin juin à Cannes, en cette époque-là, voyait
s'affronter les gros clients du Palm-Beach. Il y avait
Darryl Zanuck, les Cognac Hennessy, je crois, Jack
Warner et autres potentats, grands joueurs devant
l'Éternel. Prudemment, on me tint à l'écart de cette
table, et j'assistai, plus ahurie qu'impressionnée, à ce
combat de titans. J'appris les règles du chemin de fer,
et j'appris qu'avec deux cartes, pour peu que leur
valeur totale fût un 8 ou un 9, on pouvait gagner
50 millions anciens d'un seul coup, quitte à les remettre
en jeu pour en gagner 100 ou tout perdre, toujours
avec deux cartes. Plus que l'énormité des sommes, c'est
la rapidité de leur déplacement qui me fascina. Je
m'imaginais jouant mon destin, comme ça, en deux
coups. J'ignorais qu'au casino comme ailleurs, la fortune se traduit par des chèques, que ces chèques sont
acceptés plus ou moins volontiers par ledit casino, et

que la prudence souvent sordide des directeurs de salles est un frein parfois secourable, parfois fatal à la folie des joueurs. Je finis par atterrir avec mes anges gardiens, ou plutôt mes lâche-démons, à une petite table de roulette où je découvris avec étonnement que mes numéros favoris étaient le 3, le 8 et le 11 – détail que j'ignorais sur moi-même et qui se révéla définitif. Je découvris que je préférais le noir au rouge, les impairs aux pairs, les manques aux passes et autres choix instinctifs sûrement passionnants pour des psychanalystes. Je perdis un peu puis touchai un numéro plein, ce qui me parut tout naturel mais provoqua la stupeur de mes compagnons. « Pensez donc, au bout de cinq minutes, un numéro plein! » J'allai perdre mes gains sur une table de chemin de fer, et devant mes difficultés à lire ces cartes non chiffrées, on m'adjoignit un charmant croupier qui décida à ma place de la conduite à tenir. Je découvris ainsi qu'à chance égale je ne tirais pas à 5 (tout joueur qui lira ce récit aura ainsi un « profil » complet de ma manière de jouer). Par rapport à moi-même, je découvris aussi que, nulle part autant que là, il importait de dissimuler ses sentiments. Ayant vu en l'espace d'une soirée se peindre sur les visages – avec l'intensité, l'excès qu'y mettent certains mauvais acteurs – la méfiance, la crédulité, la déception, la fureur, l'emportement, l'entêtement, l'exaspération, le soulagement, l'exultation, et même, encore plus mal jouée, l'indifférence, je décidai que, quoi qu'il m'arrivât par la suite, j'opposerais toujours au destin, quels que soient ses coups ou ses caresses, un visage souriant, voire affable. De même que mes numéros préférés, cette attitude n'a pas changé d'un iota. J'ai même été félicitée pour mon flegme par des Anglais plus que flegmatiques, et j'avoue en tirer plus de vanité que des quelques autres vertus que j'ai pu ou cru déployer dans mon existence.

Avec mon meilleur souvenir
© Éditions Gallimard, 1984

Lorsque Françoise Sagan découvre le casino du Palm-Beach, ce lieu mythique a déjà toute une histoire. Son inauguration en 1929 marqua définitivement le lancement de la saison d'été à Cannes. Pourtant le maire de l'époque, André Capron, « bâtisseur du Cannes moderne », eut à affronter le Syndicat de défense du commerce de luxe, qui voulait bien d'un casino d'été à Cannes, mais au centre de la ville et non pas au bout de la Croisette ! Finalement, ce chef-d'œuvre « kitsch », dû à l'architecte Séassal, d'inspiration mauresque, allait connaître une destinée flamboyante. Avec son restaurant en terrasse du Masque-de-fer et sa piscine olympique, il sera le théâtre de bien des fêtes légendaires cannoises. Concours d'élégance, concerts, bals mémorables s'y déroulèrent durant plusieurs décennies. Là, Serge Lifar et le marquis de Cuevas organisèrent d'inoubliables représentations de ballets. Jacques Chazot, grand ami de Françoise Sagan, y conduisit plusieurs années de suite *le bal des Petits Lits blancs*. Coco Chanel y lança son nouveau parfum, le N° 5. Et Tino Rossi, Jean Sablon, Georges Guétary et Henri Salvador y donnèrent leurs premiers tours de chant.

CANNES TOUTE L'ANNÉE

Dernières saisons, derniers salons

Au début des années 70, Morand, octogénaire, retourne, comme au bon vieux temps, passer une partie de l'hiver à Cannes, en compagnie de sa femme, Hélène Soutzo, de dix ans son aînée. Dans son Journal *il évoque divers lieux de la ville et nous décrit le salon de Florence Gould, où il avait ses entrées.*

13 février 1970 – En passant devant les yachts (Cannes) du nouveau port, je pense à l'ancien et à ses fantômes de mes croisières, l'*Arduna* de Pierre Dupuy, si laid et si confortable, 20 hommes d'équipage, l'*Alphée* des Cotnareanu (Léon) *idem,* qui nous amenait de Cannes, le *Sister Anne* de Daisy Fellows, si élégant (avec lequel elle nous envoyait, Auric et moi, à Toulon ou à Marseille chercher de l'opium, quand elle n'en avait plus), *La Résolue*, le trois-mâts de Pierre Ebaudy, avec Bonnard. Tout le monde est mort (sauf Yanie Dupuy) et navigue sur le Styx, en 1970.

21 février 1971 – Un matin au *Patio*. La qualité des ors sous le soleil : des bronzes de meubles laqués, de ceux des bleus de Chine, les orchidées dans l'éléphant de cristal, l'or vieux des cadres et des fauteuils. La table de marbre chargée de livres de luxe, le gazon vert clair, les giroflées mauves, la haie taillée, la mer bleu fort, le

ciel bleu doux. Les tables basses avec objets vieil argent ; le Lautrec, les deux Corot d'Italie, le Vuillard, le Van Gogh (sa rudesse pauvre où ressort tant de richesse, comme une insulte, un défi). Vieux tapis devenu si mince.

On nous a servi à déjeuner cette chose immangeable, une bouillabaisse, mais admirable à voir, sur un grand plat ; rouge et or, plein de monstres tordus, de rascasses à crocs de murènes ; après avoir été mangés les poissons encore plus beaux d'être déchiquetés, hérissés d'arêtes, tordus, dressés de la queue, un massacre marin prodigieux.

22 décembre 1972 – Je n'ai plus les poumons et les bronches aussi souples qu'il faudrait. Je ne peux plus monter à 2 000 m en un quart d'heure, dans la neige, comme je l'ai fait ici pendant 25 ans. Le froid, trop rigoureux. Je ne sors que quand le soleil est haut, alors que j'enfourchais mon vélo, sans pardessus, à 7 heures du matin.

Donc, la question va se poser de quitter la Suisse et Vevey, d'ici un an ; le bail du château finit en juin 73. Six mois de prolongation. Il faudrait donc déménager en octobre 73. Vendre ici une partie des gros meubles et transporter le reste en France. Où ? Pas de place, ni à Paris, ni aux *Hayes*. Côte d'Azur ? Le Maroc, non international, n'est plus possible, avec le roi à la merci d'une révolution de Palais. Fini l'âge des piscines, Jamaïque ou Bahamas. La Côte Ligure, d'un vide affreux. La Sicile, trop loin. Reste la Côte d'Azur. Trop vécu à Villefranche pour savoir qu'on y est loin de tout. Reste Cannes. Pas Super-Cannes, trop loin, pas le bord de la mer, trop humide et plein de gaz d'essence. La mi-hauteur, préférable, après 3 ans d'expérience à Montfleury, lequel va être reconstruit et vendu par appartements. Trouver quelque chose de petit, living-room, balcon à double exposition, deux chambres à coucher, dans les 3 ou 4 000 francs par mois.

Journal Inutile
© Éditions Gallimard, 2001

Paul Morand (1888-1976). Écrivain et haut fonctionnaire, il terminera la guerre comme ambassadeur à Berne, sous le gouvernement de Laval. Ce qui lui vaudra d'être révoqué à la Libération et contraint à l'exil en Suisse. Admiré par la jeune génération des hussards de l'après-guerre, il connaîtra alors un regain d'influence et sera réintégré dans l'administration en 1953. Le nouveau port, dont parle Morand, baptisé Port Canto, a été inauguré en 1965. Aménagé à l'extrémité de la Croisette, il a été réalisé en dix mois et peut accueillir 650 yachts et autres navires de plaisance de divers tonnages. Rebâti, l'hôtel Montfleury, dans le quartier de la Californie, fut le siège de la Gestapo durant la Seconde Guerre mondiale. Plusieurs patriotes cannois y furent exécutés, ainsi que le rappelle toujours une stèle commémorative. Désormais acquis par la Ville de Cannes, ce complexe sportif fait l'objet d'une complète réhabilitation. La villa le *Patio* fut le dernier domicile cannois de Florence Gould. Aujourd'hui baptisée Palais F. Gould, elle est bâtie les pieds dans l'eau, au bout des plages du Moure-Rouge, à l'est du Palm-Beach.

JEAN RICARDOU

Cannes vu d'en haut

Dans son premier roman, Jean Ricardou, auteur et théoricien du Nouveau Roman, né à Cannes en 1932, décrit, sur deux cents pages, les paysages et les personnages observés depuis le plus haut point de vue de la ville.

Enfin, dégageant peu à peu, au cours de sa lente montée, le paysage des obstacles qui le masquaient – replis de terrains, maisons, arbustes –, le funiculaire s'est arrêté au sommet de la colline. Mais, à la sortie de la gare supérieure, tout autour de l'esplanade, les pins et les mimosas masquent, de nouveau, à l'exception d'une luminosité bleue miroitant à travers les ramures, l'espace élargi par l'ascension.

Les voyageurs, désorientés, pivotèrent lentement sur eux-mêmes, et remarquant une pancarte blanche sur laquelle est inscrit, en majuscules bleues, le mot *Observatoire*, portent leur attention sur la haute construction de béton, élevée en annexe de la gare. Cette tour de vingt mètres, à la section étoilée, pourvue d'un ascenseur extérieur, porte à son extrémité deux plates-formes superposées. La seconde plate-forme, et son socle haut de sept à huit mètres, constituent une sorte de tour plus petite – une maquette – élevée au sommet de la tour principale.

Une seconde pancarte, peinte en bleu sur le socle de la tour, porte, en lettres blanches, une impérative annonce publicitaire :

« Ici vue 1 sur 10 – Observatoire vue 10 sur 10. Si vous redescendez de Super-Cannes sans être monté par ascenseur au sommet de la tour vous aurez fait une excursion inutile. Panorama sensationnel de Saint-Tropez à San Remo. »

Et, en effet, en quelques secondes, l'ascenseur vitré prolonge et amplifie le lent dévoilement amorcé par la montée du funiculaire. Les derniers accessoires – branches, feuillages, roches en saillie – tombent, fixés au ras du sol par l'immédiate élévation.

Le paysage, complètement dénudé, s'offre enfin au regard.

Dans le prolongement de la colline, au sud, une pointe – dont l'extrémité est rehaussée par une grande bâtisse blanche – divise la mer en deux baies. À un kilomètre au large de cette avancée, et selon un fuseau qui lui est perpendiculaire, une première île, d'un vert sombre, précède, dans l'ordre du regard, une seconde île de proportions semblables, mais plus réduite.

Cette petite île, plus au large, est comme une réduction de la première, et le regard, machinalement, se porte plus loin, comme s'il escomptait découvrir une troisième île, semblable encore et encore plus petite.

Mais au-delà, sans repère, il n'y a plus que la mer, bleu pâle, jusqu'à la ligne d'horizon.

À ce paysage correspond exactement un paysage semblable, factice et plus petit. Il est dessiné sur le revêtement de céramique d'un des segments de l'accoudoir octogonal – large de cinquante centimètres – de cette première plate-forme et fait office, ainsi, de table d'orientation illustrée.

L'Observatoire de Cannes
publié par les éditions de Minuit en 1961
DR

Hélas ! Ce lieu d'excursion qui ravissait les Cannois et les touristes ne fonctionne plus. Le funiculaire, inauguré en 1928, a cessé son exploitation en 1966. La gare de départ, entre le chemin Caldana et le boulevard Mont-fleury, conduisait les visiteurs jusqu'au pied de l'Observatoire, à 385 mètres d'altitude, dans le haut de la Californie. La tour actuelle, de forme tubulaire, en béton, avec ascenseur et table d'orientation, a été reconstruite à la fin de la Seconde Guerre mondiale. Désaffectée en 1988, elle remplaçait une construction plus ancienne dont on trouve déjà mention dans le guide Pinatel de 1893. Le sommet de la colline avec l'Observatoire, la ligne du funiculaire, gares comprises, d'une superficie totale d'environ deux hectares et demi, sont désormais la propriété de l'émir d'Abou Dhabi. Depuis le rejet de sa demande de permis pour un projet d'exploitation, avec restaurant panoramique, le domaine est resté en l'état.

JACQUES LAURENT

Cannes pas cher!

Roman « expérimental » de six cents pages, Les Bêtises, *prix Goncourt 1971, peut se lire, à de certains moments, comme un véritable Guide du Routard cannois. À condition de partager les goûts du narrateur, qui, après la saison d'été, s'est installé, avec sa petite amie, « dans un hôtel doux » sur le vieux port.*

La bibliothèque municipale était délicieuse où, par les larges fenêtres, les soleils mouraient lentement, pareils chaque soir. À midi, la plage était chaude et la mer mordante mais praticable quelques minutes entre de longues pauses au soleil. On vendait des oursins sur le port. La rue d'Antibes était pleine de cinémas.

Nous dormions tard le matin, flânions au lit; à chaque éveil, l'éclat chaud du ciel nous faisait cligner des yeux et sourire. Arrivaient enlacés, le chœur hystérique des mouettes, le craquement des mâts, l'accent des voix méridionales.

Nous partions vers la plage du sud qui était presque déserte, allongée entre mer et route. Parfois, un ouvrier en bicyclette ralentissait ou s'arrêtait carrément pour regarder Jeanne se rhabiller, passant sa combinaison par-dessus le maillot qu'elle faisait glisser le long du corps, girant du bassin, creusant le ventre; le vent agitait la combinaison bordée de dentelles. Jeanne restait ainsi un instant, immobile, battue par l'air, luttant contre les envols de ce fragile vêtement, plus nue que nature, avant de passer la grande robe de toile rose où le vent s'engouffrait et continuait de s'engouffrer pendant que nous revenions sur les bicyclettes que nous avions louées.

Nous profitions des dernières grandes forces d'un soleil qui, dès midi passé, s'alanguissait, pour manger des oursins à la terrasse d'un bistrot. [...]

Les piquants des oursins étaient de couleurs diverses : les uns tirant sur l'orange, les autres sur le bleu, certains sur le rouge ou le mordoré ou le vert, mais à toutes ces couleurs une couleur secrète était mêlée alchimiquement, leur donnant une unité. De même la matière comestible de l'oursin qui, ni solide ni liquide, ni molle ni dure, ni coriace ni fondante, d'une fraîcheur épaisse, fuyante et consistante, était incomparable, se parait de couleurs tendres et grisées tirant les unes sur le rose, les autres sur le réséda, et pourtant proches comme un jaune l'est d'un bleu dans un Degas. Le vin pâle et acide tenait lieu de citron. [...]

Nous remontions dans la chambre pour nous offrir encore le plaisir de refermer les volets comme pendant l'été. Puis je laissais Jeanne pour m'installer à la bibliothèque de la mairie devant un livre de philosophie. Ce lieu doux où l'on chuchotait m'était si précieux qu'à la haute pendule silencieuse je guettais avec un vrai chagrin la fuite du temps qui produisait enfin la phrase fluide de la bibliothécaire annonçant « nous allons devoir fermer ». Au même instant Jeanne apparaissait. Elle n'aimait pas les bibliothèques, mais elle aimait les rendez-vous.

Les Bêtises
© Éditions Bernard Grasset, 1971

Les plages du Midi, entre le vieux port et La Napoule, sont majoritairement publiques, contrairement à celles de la Croisette, essentiellement privées. Dotées de « radeaux », au large, elles n'en sont pas moins agréables, en dehors toutefois des pics touristiques de juillet-août, ou, à défaut, tôt ou tard dans la journée, ainsi que les pratiquent les populations locales. Des kiosques, tout le long de la promenade, y proposent : pan-bagnats, chichis (beignets sucrés torsadés), glaces et autres rafraîchissements. D'accès libre et gratuit, la bibliothèque municipale (devenue médiathèque) est aujourd'hui installée dans l'ancienne propriété des Rothschild, à l'angle des avenues du Docteur-Raymond-Picaud et Jean-de-Noailles. Une demeure néoclassique du XIXᵉ siècle où la salle de lecture, ornée de boiseries qui proviennent de l'hôtel Talleyrand, ouvre sur un parc aux essences centenaires, face à la mer. Un lieu unique, encadré par la villa Éléonore, de lord Brougham, et le château des ducs de Vallombrosa. Vaut le détour !

JEAN BRESSON

Discrets palais des Mille et Une Nuits

Baromètre infaillible de la fortune mondiale, Cannes, après les Anglais, les Russes et les Américains, vit s'installer sur ses hauteurs, au début des années 70, de nouveaux résidents étrangers : les Arabes. Ceux du moins qui bénéficient de la manne des pétrodollars. Dès lors, les principales demeures changèrent de mains, tandis que d'autres furent bâties.

Le Palm-Beach traverse les années 73-80 sans problème. C'est qu'à Cannes, si l'on n'a pas de pétrole, on a ceux qui en ont. Avec une remarquable faculté d'adaptation, la ville et ses animateurs se mettent à l'heure du Moyen-Orient. Les riches Libanais, chassés de leur pays par les Syriens et les Palestiniens, s'installent sur la Côte d'Azur où ils placent leurs capitaux. Puis, les Iraniens arrivent en masse. Le Shah est au faîte de sa puissance. Rien ni personne ne paraît devoir ébranler le règne de Mohammed Reza Pahlavi que l'on a vu, trente ans auparavant, sur la terrasse du Masque-de-fer, avec la très belle Soraya, et dont la sœur Ashraf, surnommée « la Panthère noire », réside souvent dans sa propriété antiboise. Lors des fêtes du Nouvel An iranien, de grandes fêtes franco-iraniennes sont données au casino municipal. Dans les vitrines des magasins rue d'Antibes et sur la Croisette, les portraits du Shah et de Farah Diba. L'or iranien, qui sent le pétrole, coule à flots. Rien n'est trop beau, rien n'est trop cher, pour une clientèle avide d'assimiler au plus vite les mœurs et les coutumes occidentales. Des fortunes sont laissées chez les joailliers et sur les tapis verts. La chute du Shah, l'arrivée au pouvoir de Khomeyni font disparaître les photos des majestés déchues. Mais si l'on oublie un peu trop vite, et avec un certain cynisme, la clientèle de Téhéran, c'est parce que les émirs de tous les coins et recoins du golfe Persique ont pris le relais.

Ce n'est pas le hasard qui a guidé vers Cannes les princes arabes ou asiatiques. Le temps des maharadjah n'est pas si lointain. Le roi d'Afghanistan avait été reçu avant guerre, et celui d'Irak. En 1953, Ibn Séoud avait dépêché au comte Max de Pulasky, secrétaire général du M.Y.C.C.A. [*Motor-Yacht-Club de la Côte d'Azur. – N.d.E.*], deux attachés d'ambassade au teint basané qui lui avaient remis une boîte en maroquin vert clair d'un mètre dix de long, gravée en lettres d'or en arabe et en anglais, et portant le sceau royal. Elle contenait un sabre en or massif venant en droite ligne de l'Arabie. C'était le présent d'Ibn Séoud pour la semaine motonautique. N'ayant pas trouvé de coffre assez grand pour contenir ce précieux présent, le comte Max de Pulasky l'avait caché sous son matelas jusqu'à la remise des prix.

Si les Orientaux aiment Cannes, c'est bien entendu en raison de la douceur de son climat, mais aussi parce qu'ils ne sont pas importunés par la population autochtone qui, depuis longtemps, a appris à se montrer discrète, une des formes les plus évoluées de la politesse, ou de l'indifférence. Les émirs ou leurs hommes d'affaires répugnent de leur côté à se donner en spectacle. Par contre, ils achètent à n'importe quel prix des

domaines, des propriétés, des appartements. Le prince
Fahd, Premier ministre et héritier de la couronne d'Arabie saoudite, a racheté le château de l'Horizon ; le château de Bagatelle est entre les mains du richissime
Mouaffak Al Midani, le prince Talal s'est installé à la
villa Araucaria, le château Louis XIII est au prince Al
Midani, et la villa Canta Joia au neveu du roi Khaled.
Le gouverneur de Riad, le prince Sulman, loue une suite
à l'année au Martinez, et un autre frère du roi Khaled,
le prince Turky, occupe deux étages complets au Majestic. Au nouveau Gray d'Albion, dont l'hôtel, acheté par
un groupe libanais ayant Olivier Giscard d'Estaing
comme vice-président du conseil d'administration,
abrite dans un triplex de grand luxe Mazen Pharaon,
non pas égyptien comme on pourrait le croire, mais
saoudien fastueux lui aussi. Akram Ojjeh, premier acheteur du *France*, actionnaire principal des Chantiers de
l'Esterel à La Bocca, possède plusieurs demeures entre
Cannes et Mougins.

Il a fallu la disparition mystérieuse de huit milliards
de centimes, en juillet 1980, pour qu'on sache
qu'Ahmed Al Tani, fils de l'ex-émir du Qatar, habite
avec sa nombreuse famille une villa de quatre étages
tout en haut de Super-Cannes. En revanche, Adnan
Kashoggi, « Monsieur 15 % » de tous les échanges commerciaux entre le Moyen-Orient et le monde occidental, occupe sans s'en cacher, sur la Croisette, un duplex
au Marly, avec piscine sur le toit, d'où il peut voir son
yacht blindé, aussi grand qu'un paquebot de croisière,
le *Nabila*.

Tous ces émirs, ces financiers pétrodollars font flamber de nuit le jeu au Palm-Beach. Dans la discrétion la plus totale. On ne connaît ni le montant des mises, ni les gains ou les pertes. Le black-out intégral.

La Fabuleuse Histoire de Cannes
© Éditions du Rocher, 1981

La crise pétrolière ne fut pas néfaste à tout le monde ! Aujourd'hui, Cannes ne compte pas moins de trois casinos – cas unique en France –, qui s'échelonnent tout au long de la Croisette : le Casino Croisette, dans l'enceinte du Palais des Festivals et des Congrès, le Casino Barrière Les Princes (au Palais Stéphanie) et le Palm-Beach Casino Cannes. Autrefois réservée aux privilégiés, l'industrie des jeux d'argent s'est notablement démocratisée : la ville totalise désormais cinq cent cinquante machines à sous. En ce début du XXIe siècle, les casinos représentent toujours une part importante de l'économie de la ville.

IRWIN SHAW

Travailleurs intérimaires et saisonniers

Après une rixe dans un club de Cannes, Tom Jordache, baroudeur américain installé sur la Côte d'Azur où il organise des balades en mer pour les touristes aisés, est retrouvé mort sur son yacht. Dès lors, son fils Wesley, un adolescent de dix-sept ans, n'a qu'une idée en tête : tuer l'assassin de son père. Un voyou local, qui semble jouir de la protection de la police. Afin de lui éviter bien des ennuis futurs, son oncle, Rudolph Jordache, le frère de Tom, décide de le prendre de vitesse en engageant un tueur à gages.

Le téléphone sonnait lorsque Rudolph ouvrit la porte de sa chambre. Il se précipita pour décrocher et dire « allô ». « Monsieur Jordache ?... » C'était une voix d'homme.

– Oui.

– L'avocat d'Antibes, dit l'homme en français, m'a dit que vous voulez me parler...

– Parlez-vous anglais ? dit Rudolph.

S'il s'agissait de l'homme auquel il pensait, il lui fallait comprendre chacun de ses mots. Il pourrait peut-être de justesse arranger un meurtre en anglais, mais jamais avec son français d'écolier.

– Un peu, dit l'homme. Il avait une voix basse et rauque. L'avocat d'Antibes a dit que nous pourrions peut-être traiter une petite affaire ensemble...

– Quand pouvons-nous nous rencontrer ?

– Maintenant, dit l'homme.

– Où ?

– À la gare. Je suis au buffet près du bar.

– Dix minutes, dit Rudolph. Comment est-ce que je vous reconnaîtrai ?

– Je suis habillé comme suit : pantalon bleu, veste marron ; je suis petit, avec un gros ventre.

– Bon, dit Rudolph, dix minutes.

Il raccrocha. Pantalon bleu, veste marron, gros ventre. Enfin, il ne choisissait pas cet homme pour sa beauté ni pour son goût vestimentaire. Il ouvrit la valise, regarda à l'intérieur. L'automatique était toujours là. Il ferma la valise à clef et sortit.

Au rez-de-chaussée, il entra dans le bureau du caissier derrière la réception et fit ouvrir son coffre-fort. Il avait fait virer dix mille dollars par sa banque à New York et les avait convertis en francs. Quoi qu'il arrivât, bon ou mauvais, cela allait coûter de l'argent, il le savait. Il considéra les paquets de billets bien nets, réfléchit un moment, puis retira cinq mille francs. Il remit les autres paquets dans le coffre et le ferma à clef. Puis il sortit de l'hôtel et monta dans un taxi. « La gare », dit-il. Il s'efforça de ne penser à rien durant le court trajet. Il sortit maladroitement quelques billets de dix francs de sa poche et sa main tremblait lorsqu'il prit la monnaie et donna un pourboire au conducteur.

Il vit le petit homme gros et brun en pantalon bleu et veste marron debout au bar, un verre de pastis devant lui. « Bonsoir, monsieur », dit-il en s'approchant de lui.

L'homme se retourna et le dévisagea d'un air grave. Il était brun avec un visage gras et des petits yeux noirs et enfoncés. Ses lèvres étaient épaisses et humides. Un incongru chapeau de golf en coton bleu pâle, trop petit, était posé en arrière de son front bombé et ridé. Ce n'était pas un visage attirant, ni un visage auquel, dans d'autres circonstances, Rudolph aurait été enclin à faire confiance.

– Nous pourrions peut-être sortir pour faire une promenade, dit l'homme avec un fort accent provençal. Cette lumière fait mal aux yeux.

Ils sortirent ensemble et s'éloignèrent de la gare par une rue étroite, obscure et déserte. Elle aurait pu se trouver à mille kilomètres du branle-bas de la foule joyeuse du festival.

– J'écoute vos propositions, dit l'homme.

– Connaissez-vous un voyou du nom de Danovic ? demanda Rudolph. Un Yougoslave, un demi-sel.

L'homme fit dix pas en silence. Puis il secoua la tête.

– Peut-être sous un autre nom. Où pensez-vous qu'il est ?

– Cannes, probablement, dit Rudolph. La dernière fois qu'on l'a vu c'était dans une boîte de nuit ici – la Porte Rose.

L'homme hocha la tête.

– Endroit mal famé. Très mal famé.

– Oui.

– Si je le trouve, qu'est-ce qui se passe ?

– Vous recevrez une certaine somme en francs si vous vous en occupez.

– Si je m'en occupe ? demanda l'homme.

– *Tuez.*

Bon Dieu, pensa Rudolph, est-ce moi qui dis cela ?

– Compris, dis l'homme. Maintenant, parlons argent.

Que voulez-vous dire par une certaine somme en francs ?

– Disons – cinquante mille, dit Rudolph. Environ dix mille dollars, si vous les voulez en dollars.

– Combien d'avance ? Maintenant, pour trouver l'homme ?

– J'ai cinq mille francs sur moi, dit Rudolph. Je peux vous les donner.

L'homme s'arrêta. Il tendit une main rondouillarde.

– Je prends l'argent maintenant.

Rudolph sortit son portefeuille et les billets. Il regarda l'homme pendant qu'il les comptait soigneusement à la faible lueur d'un lampadaire distant de dix mètres. Je me demande ce qu'il dirait, pensa Rudolph, si je lui demandais un reçu. Il faillit éclater de rire à cette pensée. Il avait affaire à un monde où la seule garantie était la vengeance.

L'homme enfonça les billets dans une poche intérieure de sa veste.

– Quand je le trouverai, dit-il, combien est-ce que j'aurai ?

– Avant ou après le... le travail ?

– Avant.

– Vingt mille, dit Rudolph. Ça ferait la moitié du total.

– D'accord, dit l'homme. Et après, comment est-ce que je serai sûr d'être payé ?

– C'est comme vous voulez.

L'homme réfléchit un instant.

– Lorsque je dirai que je l'ai trouvé, vous mettrez vingt-cinq mille entre les mains de l'avocat. L'avocat lira dans *Nice-Matin* qu'on s'en est... quel est le mot que vous avez employé ?

– Occupé, dit Rudolph.

– Occupé, dit l'homme. Et un ami à moi ira au cabinet de l'avocat pour chercher le reste de l'argent. On la tope ?

Par le passé, Rudolph avait serré des mains pour conclure des marchés très variés et on avait fêté ça. Il n'y aurait pas de fête après ce marché-ci.

– Restez près du téléphone, dit l'homme.

Il se retourna et s'en fut d'un pas rapide en direction de la gare.

Rudolph inspira profondément et se mit lentement en route vers la Croisette et son hôtel.

Le Mendiant et le Voleur,
traduit de l'anglais par Nina de Voogd et Nicole Aufan
publié par les Presses de la Cité en 1978
DR

Grâce à l'auteur du *Bal des Maudits*, on constate qu'à Cannes, où se recrute toute sorte de petits métiers, même les malfrats sont polyglottes. Au point d'élever le niveau de la conversation jusqu'à l'art subtil du non-dit ! Accessoirement, on notera que le tarif de base du « contrat » est fixé à 50 000 francs dans les années Giscard. Luxe oblige, la ville inspira bon nombre d'écrivains et de scénaristes, qui imaginèrent dans ce cadre fastueux les polars les plus débridés. Tel l'inoubliable *Mélodie en sous-sol*, d'Henri Verneuil, avec Gabin et Delon en braqueurs malchanceux du casino du Palm-Beach. À Cannes, il arrive que la réalité rattrape la fiction. On se souvient du vol des bijoux de la Bégum, orchestré par le milieu marseillais, à la fin des années 40, ou de l'affaire Markovic, dont le meurtre aurait été commandité par le tenancier d'un bar louche cannois, en 1968.

PIERRE REY

Palaces dynastie

Après son best-seller Palm Beach *(1979), palpitant thriller mettant en scène des membres de la haute finance internationale en villégiature à Cannes, Pierre Rey s'est attelé à une biographie de François André. Oncle de Lucien Barrière, celui-ci fut le principal artisan du développement des palaces et des casinos de Cannes, mais aussi de Deauville, de La Baule et du Touquet. À sa mort, en 1962, son neveu hérita de son empire, avec pour mission de le faire entrer de plain-pied dans la modernité : un monde où le luxe n'est déjà plus ce qu'il était.*

Au début des années 60, quand Lucien prend les rênes, il est difficile d'imaginer ce qu'était le raffinement d'un cinq-étoiles luxe. Fortune, beauté, célébrité, talent, la clientèle représentait la crème d'une caste. Les employés, l'élite de la profession. Les concierges restaient trente ans en place, clients et personnels avaient la familière complicité des vieux couples. Chacun connaissait les moindres manies de l'autre. Le label de son champagne, ses fleurs préférées, la couleur de ses draps, la façon de plier son pyjama, la marque de son eau de toilette. Même s'il débarquait pour la première fois, pour peu qu'il ait les moyens et le *profil*, le client inconnu avait *réellement* toujours raison. Le profil, c'est l'allure. En anglais, *ritzy*. Autrement dit, l'allure de celui qui ne peut être qu'un habitué du Ritz.

– Je n'aime pas la nuance de bleu du tissu des murs de ma chambre.

– Quelle couleur auriez-vous préférée ?

– Toujours du bleu, mais plus intense.

– Qu'à cela ne tienne, monsieur. Nous allons retapisser immédiatement.

C'était l'époque où le directeur d'un palace se serait cru déshonoré d'accueillir chez lui congrès ou séminaires.

Autres temps, autres mœurs. Aujourd'hui, en dehors des prix faramineux, tout a changé. Les *executives* à badge errent dans les couloirs, les valises en plastique s'empilent sur le perron, les agences proposent des forfaits *charter* à des groupes d'autocars.

– L'ère des rats, m'a confié un vieil aristocrate qui avait connu François André. Les clients ne sont plus que des passants anonymes. Et quand on ne peut plus *nommer,* l'existence devient *innommable.*

Sa femme a renchéri.

– Les employés ne sont jamais les mêmes. Rien que des têtes nouvelles. Il paraît qu'on les fait tourner d'un hôtel à l'autre. Comment voulez-vous vous y retrouver ?

Jadis, dans les stations, on créait les palaces pour héberger les joueurs. Hôtel et casino, même maison, mêmes intérêts. On récupérait cent fois sur les tapis verts le manque à gagner des suites nuptiales ou du homard Thermidor.

Maintenant, la plupart des gros joueurs ont disparu.

Les *slot machines,* qui font 80 % du chiffre d'affaires, sont devenues les mamelles nourricières de l'industrie du jeu. *Slot*, en argot américain, signifie « salope ».

Les machines-salopes… En bon français, les machines

à sous. Dès l'ouverture, les salles sont prises d'assaut par des hordes de touristes en débardeur.

– Si François André voyait ça…, déplore le vieil aristocrate sur un ton désabusé. La nuit venue, après avoir glissé à longueur de journée leurs jetons petit-prix dans la fente des *slots*, ils retournent dans leur camping et passent sans le voir devant le Majestic…

L'Oncle
© Éditions Plon, 2002

Inscrit en tête du livre d'or de Cannes, François André fut un personnage de légende, semblant sorti tout droit d'un roman de Balzac. Pauvre Ardéchois, d'extraction paysanne, il avait vingt ans, en 1900, lorsqu'il « monta » à la conquête de la capitale. Sa haute taille et sa belle prestance lui permirent de devenir ordonnateur des pompes funèbres au cimetière du Montparnasse. Très vite, il s'introduisit dans les milieux feutrés des cercles de jeux parisiens et deviendra l'associé d'Eugène Cornuché, le créateur de *Maxim's*. Dès lors, sa vie se confond avec l'épopée de l'industrie du luxe et des plaisirs propres aux palaces et casinos des stations balnéaires françaises. Durant plus d'un demi-siècle, François André accueillit dans ses établissements les têtes couronnées, les célébrités des arts et des lettres et les chevaliers d'industrie, organisant à leur intention les fêtes les plus fastueuses et les plus brillantes soirées. Malgré la Révolution de 17, la crise de 29 et les deux guerres, il parvint à transmettre à son neveu les pièces maîtresses constituant l'essentiel de l'actuel groupe Lucien Barrière.

BRIGITTE AUBERT

La mort à Cannes

Fille d'exploitants de salles de cinéma de la ville, Brigitte Aubert est née à Cannes en 1956. Auteur d'une douzaine de romans de série noire, elle s'est imposée comme l'une des meilleures spécialistes françaises d'un genre où excellent généralement les Anglo-Saxons. Ses livres sont traduits en plusieurs langues. Plusieurs d'entre eux ont pour cadre Cannes, où elle réside toujours. Dans Funérarium, *son héros, Léonard Moreno, dit « Chib », thanatopracteur, nous entraîne, au travers de diaboliques aventures, au sens propre du mot, dans les milieux de la haute bourgeoisie locale : lisse en surface et passablement tourmentée à l'intérieur !*

Arrivé devant chez lui, il coupa le contact et resta quelques secondes à écouter la mer et les mouettes. Il se sentait fatigué. Il avait envie que quelque chose se passe.

À l'intérieur, il caressa machinalement la tête de Foxy le renard, sa toute première œuvre. Un pauvre vieux renard édenté, dont le poil partait par touffes.

Il grimpa dans la mezzanine, se laissa tomber sur le futon posé à même les tommettes vernies. Le clignotant du répondeur émettait sa lueur rouge. Bip.

– Bonsoir, dit une voix de femme, basse et profonde. Merci de me rappeler au 06 07 12 31 14.

Chib haussa les sourcils : pas de nom. Sûrement du travail. Quelle heure était-il ? Vingt-trois heures. Il composa le numéro. Trois sonneries. Puis la femme, sa voix très grave.

– Oui ?

– Je m'appelle Léonard Moreno, vous m'avez laissé un message.

– Ah, monsieur Moreno, merci de me rappeler. On m'a conseillé de m'adresser à vous pour un travail un peu particulier.

– Je vous écoute, dit Chib, suave comme un prêtre encourageant à la confession.

– Nous venons de perdre notre cher petit ange, continua la femme avec un frémissement dans les basses, notre chère petite Elilou.

– Je suis désolé, marmonna Chib, se demandant s'il s'agissait d'une chienne.

– Pas plus que nous, lui renvoya la femme. Le pauvre petit cœur avait à peine huit ans.

Reniflements. Bon Dieu, il ne s'agissait quand même pas d'une *petite fille* ?

– Ce fichu escalier... excusez-moi...

Elle pleurait maintenant, des sanglots discrets, incoercibles. Assis sur son futon, Chib se gratta les tibias, mal à l'aise.

– Il faudrait que nous nous rencontrions, reprit la femme après s'être mouchée...

– Je suis au 128, boulevard Gazagnaire, dit-il. Vous pouvez passer quand vous voulez.

– Je préférerais que l'on se retrouve au bar du *Majestic*, si ça ne vous ennuie pas, demain matin à dix heures.

Elle raccrocha sans attendre sa réponse. Une femme désespérée, riche et habituée à être obéie sans discuter.

Le genre de cliente prête à allonger un max. Pour faire embaumer sa petite fille.

Funérarium
© Édition du Seuil, 2002
coll. « Points », 2003

On ne saurait trop conseiller la visite du cimetière du Grand Jas, en retrait de l'avenue de Grasse, juste avant l'hôpital de Cannes. Vaste jardin en terrasses, planté de cyprès et d'eucalyptus centenaires, il offre de beaux points de vues sur la ville, la colline de la Croix-des-Gardes, la mer et les îles. Promenade méditative garantie. Là, les représentants des vieilles familles cannoises reposent auprès des nombreuses personnalités ayant choisi Cannes pour dernière demeure. Dans le cimetière anglais, une sobre dalle recouvre les restes de Prosper Mérimée (6e allée). Non loin de l'écrivain, un monument orne la sépulture de lord Brougham and Vaux. Tandis qu'à l'angle de l'allée des Cynéraires, un imposant obélisque rouge se dresse sur la tombe d'Antoine Manca de Vallombrosa, marquis de Morès. Toujours dans le cimetière anglais, mentionnons encore le bijoutier des tsars, Carl Fabergé (23e allée), Olga Khoklova, la première femme de Pablo Picasso (allée de l'Ouest), le prix Nobel de médecine et de physiologie, Jacques Monod (25e allée). Dans la partie principale du cimetière citons enfin le marquis de Cuevas, créateur des ballets du même nom (carré n° 2), l'actrice Martine Carol (carré n° 3), le chanteur Georges Guétary (carré n° 3), la musicienne Lily Pons (carré n° 12), l'écrivain Klaus Mann, qui se suicida à Cannes en 1949 (carré n° 16), le publiciste Jean Mineur, qui a fait inscrire son dernier numéro de téléphone sur sa tombe : éden 00 01 (carré n° 19) et Apo Lazarides, vainqueur du Tour de France en 1946 (carré n° 22).

HENRY-JEAN SERVAT

Une recette typiquement cannoise

Dans un récent ouvrage, le journaliste Henry-Jean Servat, habitué du Festival de Cannes depuis de nombreuses années, nous fait (re)découvrir les lieux mythiques de la ville, à travers un abécédaire impertinent et drôle, toujours bien documenté. L'occasion aussi d'évoquer les personnages qui contribuèrent à la légende cannoise, telle, à la lettre B, la mère Besson, qui fut une reine incontestée des casseroles festivalières.

Le restaurant provençal du 13 de la rue des Frères-Pradignac reste, au fil du temps, le symbole absolu du restaurant cannois par excellence, en temps de Festival. Toutes les célébrités venues parader à Cannes ont ici noué la serviette autour du cou et saucé les plats à défaut de les lécher. Les groupes arrivés à l'issue d'une projection préfèrent, non sans raison, dîner là que courir après les restes d'une fête bourrée de pique-assiette sur les hauteurs de la ville. Feue la mère Besson, accorte cuisinière à formes girondes, lunettes rondes et tablier à carreaux, mitonnait dans sa cuisine, ouverte à la vue et aux fumets, de grosses casserolées de recettes épicées qui titillaient les papilles. Lorsque les colonnades de la salle commencèrent à s'effriter et que la patronne eut disparu, il fallut restaurer les lieux. L'établissement chouchou des festivaliers des premières heures fut rafraîchi et pastellisé de rose. Yves Martin, neveu de la Mère, et sa femme Margaret, originaire des Pays-Bas, prirent la direction des commandes le 1er avril 1978 et font désormais monter les sauces.

Depuis le commencement des commencements, les menus restent les mêmes ; lundi, c'est l'estoufade à la provençale, mardi l'aïado, une épaule d'agneau roulée à la purée d'ail, mercredi la bourride (qui a remplacé la poitrine de veau farcie à la niçoise), jeudi, le lapereau farci aux herbes de Provence, vendredi, l'aïoli, samedi, l'osso buco.

À la carte, une des meilleures recettes de la mère Besson, perpétuée par son neveu, est assurément celle des rascasses cannoises : prévoir deux filets propres et séchés par personne, une livre de belles tomates, cent grammes de champignons de Paris, cinquante grammes de fromage râpé, un kilo de moules fraîches et du pastis. Pour la préparation : fariner les filets et les faire revenir à l'huile dans une poêle, puis les dresser dans un plat allant au four. Peler les tomates, les couper en petits morceaux et les faire cuire dans un peu d'huile. Faire ouvrir les moules dans une casserole sans eau, mais avec une noix de beurre. Mélanger les tomates concassées, les moules décortiquées et les champignons émincés. Ajouter une cuiller à soupe de pastis. Saler et poivrer. Napper les filets de rascasse avec la sauce. Saupoudrer avec le fromage râpé. Passer cinq à dix minutes à four vif. Servir légèrement gratiné.

La légende de Cannes
© Éditions Assouline, 2004

De tout temps, l'art de vivre et l'art tout court se sont conju-gués à Cannes. Outre les écrivains, les peintres y ont transporté très tôt leurs chevalets, inspirés par la lumière et les paysages. De Bonnard à Picasso, en passant par Jean-Gabriel Domergue, Kees Van Dongen, Picabia, Raoul Dufy, Emmanuel Bellini et tant d'autres... C'est à Cannes qu'Aimé Maeght ouvrit sa toute première galerie en 1937. Suivi, à la fin des années 50, par la femme de lettres russe Katia Granoff, qui installa la sienne sur la Croisette. Dès la fin des années 20, le compositeur Rey-naldo Hahn, ami intime de Marcel Proust, eut en charge la programmation du joli théâtre à l'italienne du casino municipal. Avec l'auteur de *Ciboulette*, le théâtre de Cannes allait prendre une nouvelle dimension. De jeunes pianistes, tels Arthur Rubinstein, Robert Casadesus ou Germaine Tailleferre s'y produisirent, en alternance avec de remarquables ballerines comme Loïe Fuller ou la Pav-lova. Tandis que Madeleine Renaud, Béatrice Bretty, Elvire Popesco, Yvonne Printemps ou Gabrielle Dorziat donnaient la réplique, dans des comédies éblouissantes, à Le Bargy, Max Dearly, Victor Francen ou Sacha Gui-try ! Cannes, où sont nés les comédiens Gérard Philipe et Louis Jourdan, met à la disposition des apprentis artistes d'aujourd'hui plusieurs écoles renommées de danse, de musique et de théâtre, telle celle créée au début des années 60 par la chorégraphe américaine Rosella High-tower. La ville est également le siège du prestigieux Orchestre régional de Cannes Provence-Alpes-Côte d'Azur, placé sous la direction de Philippe Bender.

FREDERIC BEIGBEDER

Village people

Dans son journal intime daté des premières années du XXIᵉ siècle, Frédéric Beigbeder, chef de file des bobos-médiaticos-intellos, tendance coco, nous entraîne aux quatre coins du village global mondial. Du côté des privilégiés, dont l'écrivain germanopratin est devenu un membre à part entière, et pour lesquels le Festival de Cannes demeure une étape incontournable.

La première chose que j'ai vue en arrivant à Cannes, c'est une mare de sang. Je suis descendu de mon taxi pour patauger dans l'hémoglobine. Apparemment, une bagarre entre plébéiens avait eu lieu dans la nuit sur la Croisette. Comme d'habitude, au lieu d'attaquer les riches, les pauvres préfèrent s'entre-tuer. Pourvu que ça dure ! Dans ma suite du Martinez, on m'offre une bouteille de Taittinger mais je préfère la descendre au bar. Là, je suis le moins célèbre : Guillaume Durand, Alexandra Kazan, Édouard Baer, Lou Doillon, Michel Denisot, Mathieu Kassovitz, Jamel Debbouze...

– Tu es allé à Coppola ?

– Le film ?

– Mais non, la fête...

Il faudrait s'y habituer : ici, personne ne parle jamais de cinéma ; la seule chose intéressante, c'est ce qu'on va faire le soir. Léger souci : à peine arrivé, j'ai déjà tout raté. Tel est le principe de ce genre de manifestation : la frustration permanente. Les deux phrases qu'on entend le plus souvent au Festival de Cannes sont : « C'était mieux l'an dernier » et « Il y a mieux ailleurs ». Où que vous soyez, quoi que vous fassiez, vous serez toujours au mauvais endroit : il y aura toujours un truc préférable autre part. D'où cette frénésie hystérique qui pousse tous les festivaliers à vivre avec leur téléphone portable soudé à l'oreille. À Cannes, pendant quinze jours, les célébrités ont tout ce qu'elles désirent (drogues, putes, palaces, dîners, yachts, hélicoptères) et c'est pourquoi elles se comportent comme des enfants gâtés, tenaillés par la peur de manquer. La quête du Graal, ici, consiste à rechercher obstinément une fête plus drôle que celle où l'on se trouve. Rater une soirée semble pire que la mort : une torture abominable. Qui me dit que j'ai bien fait d'aller au dîner de France Télévisions sur la plage du Majestic ? Dans la boîte de Canal +, ai-je bien fait de danser avec Axelle Laffont et Clotilde Courau plutôt qu'avec Emmanuelle Béart et Charlotte Gainsbourg ? Pourquoi Pierre Lescure me regarde-t-il fixement : est-ce que j'ai une tête d'animateur télé ? Existe-t-il une fille plus belle que celle qui m'embrasse maintenant ? N'y a-t-il pas, quelque part, dans cette ville, à l'heure où j'écris ceci, quelque chose de plus intéressant à faire que ce que je fais ? Voilà : à peine suis-je arrivé au paradis que j'en perds déjà la raison ; je suis entré dans l'enfer du show-biz.

L'Égoïste romantique
© Éditions Bernard Grasset, 2005

Le monde entier connaît Cannes grâce à son Festival international du film. Chaque année, près de 4 000 journalistes de toutes nationalités et plus de 20 000 « professionnels de la profession » s'y donnent rendez-vous en mai, conjuguant le travail et les plaisirs. Une fête du cinéma d'une dizaine de jours, dont les répercussions se font sentir sur l'ensemble de la planète ! De ce fait, pour la plupart des gens, Cannes se résume à la Croisette, ses palaces, ses casinos, ses plages de sable fin... Mais le Cannes du Festival du film n'est que la locomotive, surmédiatisée, d'un train qui compte de nombreux wagons. Ville unique, riche d'une histoire, d'un climat, d'un site, d'une végétation, d'un patrimoine et d'une population offrant de nombreuses autres facettes, Cannes mérite vraiment que l'on parte à sa découverte. De manière moins superficielle et plus approfondie. De tout temps, les plus distingués esprits s'en sont régulièrement épris et s'y sont même parfois définitivement établis. En outre, plusieurs musées et lieux d'expositions (musée de la Castre, musée de la Mer, la Malmaison, etc.) et événements culturels de qualité – Nuits musicales du Suquet (classique), Festival de la Pantiero (musiques contemporaines et son du monde), Festival d'art pyrotechnique, etc. – peuvent répondre aux diverses attentes du public. Cannes du troisième millénaire est désormais une ville de près de 70 000 habitants, le double avec l'agglomération immédiate du Cannet, de Mandelieu-La-Napoule et de Mougins. Après Paris, elle est devenue la deuxième ville française de congrès, et l'une des cinq premières en Europe. Cannes accueille toute l'année près de 110 manifestations (congrès, festivals et marchés internationaux) dont le Festival du film, les marchés internationaux du disque (Midem) ou des programmes de télévision (Mip TV) et le Festival international de la publicité constituent seulement la partie émergente. Tous ces événements se déroulent au Palais des Festivals et des Congrès, générant une exploitation de ses espaces plus de 300 jours par an. Pour diversifier toujours plus ses activités, la ville s'est dotée d'un Technopôle, implanté autour d'Alcaltel Alenia Space, premier employeur privé du département qui emploie 2 000 personnes dont 500 ingénieurs, en bordure de mer à La Bocca. Concentrée sur les métiers de l'image et leurs multiples applications médiatiques et scientifiques, celle-ci devrait permettre la création prochaine d'un pôle d'enseignement supérieur dédié exclusivement à l'image.

« Le goût de… »

Le chant des villes
Le goût d'Alexandrie
Le goût d'Alger
Le goût d'Amsterdam
Le goût d'Antibes
Le goût d'Athènes
Le goût de Bali
Le goût de Barcelone
Le goût de Beyrouth
Le goût de la Birmanie
Le goût de Bruxelles
Le goût de Budapest
Le goût de Cannes
Le goût de Capri et autres îles italiennes
Le goût de la Croatie
Le goût de Cuba
Le goût de Dublin
Le goût de l'Engadine
Le goût de Florence
Le goût de Genève
Le goût de la Haute-Provence
Le goût des villes de l'Inde
Le goût d'Istanbul
Le goût des jardins
Le goût de Jérusalem
Le goût de Lisbonne
Le goût de la Loire
Le goût de Londres
Le goût de Los Angeles
Le goût de Lyon
Le goût de la Martinique
Le goût du mont Blanc
Le goût du Mont-Saint-Michel

Réalisation Pao : Dominique Guillaumin

*Achevé d'imprimer
sur les presses de l'imprimerie Hérissey
en mai 2006.
Imprimé en France.*

*Dépôt légal : mai 2006
N° d'imprimeur : 101586*

140608